PETITE BIBLIOTHÈQUE DE L'ARMÉE FRANÇAISE

NOTICE

SUR

L'ARMÉE ESPAGNOLE

PARIS | LIMOGES
11, Place St-André-des-Arts. | 46, Nouvelle route d'Aixe, 46.

IMPRIMERIE ET LIBRAIRIE MILITAIRES

HENRI CHARLES-LAVAUZELLE

ÉDITEUR

1890

L'ARMÉE ESPAGNOLE

CHAPITRE Ier

APERÇU HISTORIQUE

Certes, si un pays a été grand par les armes, c'est l'Espagne. Réunie en un seul État, maîtresse de la Sicile, de la Sardaigne, de Naples, des Pays-Bas, de la Franche-Comté, du Milanais, du Portugal, du Mexique, du Pérou, de la Nouvelle-Grenade, du Chili, elle était à la fin du xvie siècle la puissance prépondérante de l'Europe.

La réputation des troupes espagnoles était immense. C'est avec elles que Ferdinand le Catholique avait chassé les Maures de Grenade ; c'est avec elles que Charles d'Autriche, devenu roi d'Espagne et empereur sous le nom de Charles-Quint, soutint pendant plus de trente ans sa vaste puissance ; ce fut dans toute l'Europe occidentale un profond étonnement quand on apprit que, le 18 mai 1643, ces vieux bataillons d'Espagne, qui avaient pendant un siècle rempli le monde de leur renommée, venaient d'être enfoncés et détruits à Rocroy par une armée française sous les ordres d'un jeune général de 22 ans, Louis, duc d'Enghien, prince de Condé.

Dès ce moment, une série de fautes politiques amenaient peu à peu la ruine de cette grande puissance qui avait tenu et enserré le monde.

Les Pays-Bas étaient perdus, le Portugal était retourné à ses anciens rois. Le Roussillon, la Franche-Comté, toutes les possessions européennes hors de la Péninsule lui étaient peu à peu ravies, et, au commencement du xixᵉ siècle, les révolutions d'Amérique lui enlevaient aussi ses vastes possessions du nouveau continent.

C'était la décadence sans trêve, sans merci, dans ce qu'elle a de plus poignant, et c'est dans ce moment d'affaissement que Napoléon Iᵉʳ mettait sur l'Espagne sa main de fer et lui imposait comme souverain son frère Joseph.

Sans cette idée de conquérant, rêvant l'empire de Charles-Quint et plus peut-être, la nation espagnole s'éteignait. Il fallut cet acte arbitraire pour la réveiller.

A ce moment (1807-1808), l'armée se composait :

1° D'une garde royale de 5 à 6,000 hommes à pied ;

2° D'environ 50 à 58,000 fantassins et artilleurs répartis en régiments et bataillons ;

3° De 15,000 hommes de cavalerie formés en régiments ;

4° D'environ 10 à 11,000 Suisses au service du gouvernement ;

5° De 25 à 28,000 hommes d'infanterie groupés en bataillons, dits bataillons des milices.

Cette cinquième catégorie n'existait guère que sur le papier : les troupes de la garde et les Suisses avaient seuls une véritable valeur militaire ; la cavalerie était en partie à pied faute de chevaux ; quant à l'infanterie et à l'artillerie, à la première surtout, recrutées dans le rebut de la population, sans vêtements, sans instruction, le plus souvent sans solde, elles présentaient le plus triste état. Dispersés dans toutes les provinces, ces bataillons et ces escadrons y faisaient à proprement parler le service de la gendarmerie, car il n'y avait en Espagne, ni police, ni gendarmes.

C'était un corps sans âme qui n'existait que dans le but de justifier les appointements payés à un gros état-major où il y avait plus de généraux de division que de régiments, plus de brigadiers que de bataillons, plus de colonels que de pelotons.

Cette armée, quelque médiocre qu'elle fût, servit à faire le fonds de la levée insurrectionnelle contre les Français; c'est avec ces bandes fanatiques, avec des troupes de guérillas, et plus tard avec l'appui des Anglais, que les provinces espagnoles luttèrent de 1808 à 1814 contre les armées de Napoléon.

Après cette grande lutte, l'armée retomba dans le marasme et l'indiscipline. En 1820, on la voit faire à Cadix un pronunciamiento militaire. Conduite par des généraux enclins, pour la plupart, à la défection, elle laisse, en 1823, les Français traverser la Péninsule du nord au midi, sans résistance.

Pendant une période de plusieurs années, il n'y a à proprement parler plus d'armée. Le souverain est entouré seulement et défendu par une sorte de légion prétorienne, portée quelquefois à près de 55 à 60,000 hommes, appelés volontaires royaux, et formant la troupe la plus indisciplinée, la plus féroce, la plus rapace qui se puisse voir.

La guerre de 1870 aurait peut-être même laissé l'Espagne et l'armée dans la triste anarchie qui signale en ce pays toute la période contemporaine, sans l'essai de don Carlos en 1875 pour conquérir le trône auquel il est prétendant (1).

L'état général de la Péninsule rendait propice cette levée de boucliers et peu s'en fallut qu'avec des moyens bien faibles en somme don Carlos ne réussît. Pendant toute l'année 1875, on le voit avec quelques bandes de Navarrais, quelques guérillas catalans, tenir tout le nord de l'Espagne jusqu'à l'Ebre.

C'est de l'effort fait par le gouvernement espagnol pour vaincre cette insurrection que date la nouvelle armée (1878), armée qui naturellement devait après sa victoire se former sur les bases adoptées de nos jours par toutes les puissances européennes continentales.

---

(1) Le roi Ferdinand VII, quoiqu'il eût aboli la loi salique, laissa en mourant (1833), par testament, la couronne d'Espagne à sa fille, l'infante Isabelle, sous la tutelle de sa mère Marie-Christine, au détriment de son frère don Carlos, comte de Molina. Celui-ci, protestant contre cette décision, se fit proclamer en 1834 et, sous le titre de Charles V, soutint une lutte de plusieurs années contre le gouvernement établi. Il fut battu à la fin, rejeté hors d'Espagne et ses droits passèrent successivement d'abord à ses deux fils, puis au fils du plus jeune des deux qui a pris aussi le nom de don Carlos.

En 1878, les Cortès votèrent la loi du service obligatoire, pendant huit années, à partir de 20 ans. Toutefois, il était difficile de ne pas mettre à cette loi, si nouvelle, si peu en rapport avec les idées reçues, un tempérament. On décida qu'il serait possible de ne pas servir moyennant le versement au Trésor d'une somme de 2,000 fr. Ce versement, auquel on a donné le nom d'exonération, par imitation de ce qui se passait en France sous l'empire (loi de 1855), n'a de l'exonération, comme la comprenait la loi française, que le nom. Le versement de 2,000 francs, qui s'est peu à peu réduit à 1,500 francs, n'a pas pour but d'acheter à prix d'argent l'engagement ou le rengagement d'un autre soldat. C'est simplement un impôt particulier que le Trésor encaisse, et qui figure au budget des recettes au même titre que tout autre.

Telle était, du moins au début, l'idée exonératrice. Depuis, on a compris qu'il était difficile de faire suivre l'exposé de principes libéraux d'un autre principe ainsi en désaccord. On a donc dit que le nombre des exonérations devrait être équivalent à celui des rengagements.

Il est douteux qu'il en soit ainsi. Suivant les renseignements les plus probables, l'exonération rapporte au Trésor environ 12 millions par an, pour un chiffre de

7,500 à 8,500 hommes de 20 ans, désireux
d'échapper au service militaire. D'un autre
côté, si le nombre des rengagements tend
à s'accroître en raison de l'état général
des affaires en Europe, c'est en Espagne,
moins qu'ailleurs, que cet état de crise sur
les individus se fait sentir. L'Espagnol vit
de peu, et dans les classes inférieures de
la population qui fournissent les rengagements, on a, moins que dans tout autre
pays d'Europe, pris des goûts de bien-être
et de confort.

L'organisation de l'armée, telle que la
déterminait la loi du 28 août 1878, a peu
duré, au moins en ce qui concerne le
temps de service exigible. Très soutenu
par le roi Alphonse XII, le maréchal
Martinès-Campos profita de son passage
au ministère de la guerre pour décider les
Cortès à revenir sur leur première décision. Il y eut de longues discussions, portant surtout sur l'inégalité que demandait
le maréchal dans la répartition du temps
de service suivant les armes.

L'exposé des motifs présenté par le
ministère était une étude sérieuse, appro-
fondie des besoins d'une armée : il fixait
à trois ans pour la cavalerie et les
armes spéciales la durée du séjour sous
les drapeaux, à vingt-sept mois seulement
pour l'infanterie. Il faisait ressortir l'obli-

gation pour les puissances militaires de doter largement les troupes en artillerie, demandait la création de batteries à cheval, de troupes du train qui n'existent pas en Espagne.

C'est à la suite des discussions, souvent violentes, que causa la lecture de cet exposé, que fut votée la loi du 8 juin 1882, qui a apporté un progrès sensible à l'organisation de l'armée espagnole (décret du 9 juin 1882).

Loi d'organisation.

Le service militaire, dit la loi de 1882, est obligatoire pour tout sujet espagnol pendant douze ans, sauf bien entendu les exceptions tenant à l'état physique des individus; sont également exempts les fils uniques de veuves, les aînés d'orphelins, les membres des congrégations religieuses qui se vouent à l'enseignement (1), et

---

(1) En Espagne, on n'exempte du service militaire que les ecclésiastiques qui se vouent à l'enseignement. Les autres ne sont sacrés prêtres et reçus dans les ordres religieux qu'à la fin de leur temps de service, ou lorsqu'ils se sont fait exonérer.

Sont dispensés :

Les professeurs des congrégations religieuses ;

enfin les jeunes gens qui se trouvent dans certaines conditions de profession et de famille que la loi énumère. La substitution n'est permise qu'entre frères ; enfin il est loisible à tout Espagnol de se libérer, ou mieux de s'exonérer du service, en temps de paix, moyennant le versement au Trésor de 1,500 francs.

Le 1er février de l'année où il atteint 20 ans révolus, l'Espagnol est sous le coup de la loi : c'est dans le courant de cette même année qu'il est appelé, généralement en mars.

La durée du service est, pour toutes les armes, de trois ans sous les drapeaux ; toutefois, la loi autorise le renvoi par anticipation, dans leur troisième année de service, des hommes jugés suffisamment instruits.

Les ouvriers des mines de mercure d'Almaden.
Sont exemptés :
Le fils unique ou le petit-fils unique d'un sexagénaire, d'un infirme, d'un indigent, d'une veuve pauvre ou d'une veuve remariée dont le mari est sexagénaire, infirme, indigent ;
Le frère d'orphelins indigents et incapables de pourvoir à leur subsistance ;
Le fils d'un père ayant un fils plus âgé au service et un moins âgé au-dessous de 17 ans ;
Les fils ou les employés des fermiers cultivant une exploitation de 200 hectares éloignée des villes de plus d'un kilomètre.

Grâce à ce corollaire, on a jusqu'ici renvoyé, mais dans l'infanterie seulement, la classe la plus ancienne le 1er juin, soit neuf mois avant la date régulière, qui est le 1er mars (1).

C'est le Ministre de la guerre qui, suivant le budget voté par la Chambre, fixe l'effectif sous les drapeaux et divise par suite le contingent en deux parts :

La 1re portion est normalement de 35,000 hommes. Le reste du contingent forme la 2e portion, généralement 25,000 hommes, laquelle n'est pas appelée (2) et reste six

---

(1) On considère toute la classe la plus ancienne comme suffisamment instruite et on la renvoie le 1er juin, parce que les mois de mars, avril et mai étant destinés spécialement à l'instruction des recrues, on suppose qu'en juin elles sont aptes à entrer dans le rang.

Au moment de l'arrivée des recrues, il se présente souvent une particularité. C'est que ces recrues apportent un excédent à l'effectif budgétaire. En ce cas, les chefs de corps sont astreints à renvoyer un chiffre d'hommes pris parmi ceux de la plus ancienne classe et égal au surplus des recrues. Ces hommes sont chez eux, en congé, et restent jusqu'au départ de leur classe à la disposition de leur corps.

(2) Avec la loi de 1877, la 2e portion était appelée et exercée pendant une période de trente à quarante jours, puis envoyée en disponiblité. Suivant les pratiques établies par la loi nouvelle, les hommes qui composent cette 2e portion ne rece-

années consécutives dans une catégorie qu'on appelle *les recrues disponibles*. Cette catégorie est destinée, pendant la guerre, à fournir les troupes de remplacement. On y comprend, outre les appelés en sus du chiffre ministériel, les exonérés de l'armée.

Les trois années de service actif terminées (et pour l'infanterie en principe au moins après deux ans et trois mois), les hommes sont envoyés en congé et constituent dans cette position la 1re réserve.

Cette situation dure trois ans, et trois ans et neuf mois pour ceux qui ont été renvoyés par anticipation.

C'est cette 1re réserve qui est destinée à mettre les corps de troupe sur le pied de mobilisation en cas de guerre, et c'est avec les recrues disponibles, c'est-à-dire avec les six classes de 2e portion et d'exonérés qu'on rappellerait alors sous les drapeaux, qu'on formera les troupes de remplacement.

La 1re partie de l'armée, en cas de guerre,

---

vront plus, en temps de paix aucune instruction militaire. Il en est de même des exercés. Toutefois, ce n'est qu'une pratique, et il est probable que, si l'état des finances venait à le permettre, les hommes de la 2e portion seraient astreints à trois mois de service. C'était du moins l'idée émise par le rapporteur de la loi, et sans le fixer, la loi a dit : Les hommes de la 2e portion pourront être appelés.

déduction faite des hommes rengagés, se composera donc de jeunes gens de 20 à 26 ans.

Au sortir de la 1re réserve, c'est-à-dire à 26 ans, les hommes qui ont servi passent dans la 2e réserve ; ceux qui n'ont pas servi (recrues disponibles, exonérés), dans la réserve dite supplémentaire.

Les uns et les autres y restent six ans.

C'est avec ces hommes de six classes qu'on compte former des corps spéciaux, doublant ceux de l'armée active proprement dite. On a adopté pour cela des formations analogues à celle de la Landwehr allemande.

La population de l'Espagne est, d'après les recensements, de 16,500,000 habitants.

Cette population donne annuellement un nombre moyen d'inscrits (jeunes gens de 20 ans) de cent cinquante mille (150.000) pour tirer au sort (1).

---

(1) Le tirage au sort a lieu, en Espagne, tous les ans fin décembre. Tirent au sort tous les jeunes gens qui, au 1er janvier, ont atteint 19 ans révolus.

Le 1er novembre, les maires de toutes les communes établissent la liste des jeunes gens domiciliés dans la commune qui, au 31 décembre, auront 19 ans révolus.

En décembre, cette liste est affichée.

Le dernier dimanche de ce mois, on procède au tirage au sort. On met dans une urne les noms

Sur ce chiffre, on compte environ la moitié d'exempts. Il reste donc 75,000 hommes bons pour le service.

Il y a en moyenne de 8,000 à 8,500 exo-

---

des jeunes gens, dans une autre la série des numéros en nombre égal au nombre de noms, et on tire simultanément un nom et un numéro.

On en établit la liste.

Le 1er dimanche de janvier, tous les jeunes gens passent devant la commission dite « de déclaration d'appel au service militaire ».

Cette commission, composée de membres du conseil municipal (conseil communal), écarte d'abord les jeunes gens dont l'incapacité de service est notoire, soit par cause physique, soit par situation de famille.

Vient ensuite le conseil ou mieux la commission de recrutement, composée du commandant du bureau de recrutement, d'un membre de la commission provinciale (commission analogue à notre conseil général), un membre du conseil municipal, deux docteurs.

Cette commission décide en dernier ressort si l'homme est apte à être soldat. Elle se tient au chef-lieu de sa province. On ne lui amène que le nombre d'hommes qui est demandé à chaque commune, augmenté d'un chiffre égal à celui des hommes que, à la réunion précédente, la commission de déclaration d'appel a classés comme douteux.

Cette sorte de conseil de revision se tient au commencement de février. Les hommes acceptés par lui ne sont pas renvoyés dans leur famille ; ils sont dès le même jour casernés et administrés par le recrutement.

Chaque année, un décret détermine le nombre d'hommes du contingent qui doit être appelé pour nérés et de 7,000 à 8,000 hommes envoyés dans les colonies d'outre-mer.

Il reste donc pour l'armée continentale de 55,000 à 60,000 hommes disponibles.

Sur ce chiffre et tant que le budget ne permettra pas davantage (1), 35,000 seule-

---

porter les effectifs au chiffre voté par les Chambres (généralement de 90,000 à 95,000).

Le Ministre de l'intérieur, mis en ce moment en possession des listes de tirage, répartit le contingent entre les provinces. A leur tour, les commissions spéciales provinciales répartissent entre les communes le chiffre qui est demandé.

Ceci fait, le Ministre de la guerre détermine à son tour, après entente avec la marine, les proportions à fournir aux diverses armes. Ce sont ensuite les directeurs qui font la sous-répartition entre les divers corps de troupe, en indiquant quels chiffres aura à donner aux diverses armes chacun des bureaux de recrutement. Chaque corps envoie aux bureaux qui doivent lui donner des recrues des officiers ou un officier récepteur, et il se passe alors ce qu'on nomme l'élection, c'est-à-dire que les officiers récepteurs choisissent dans les hommes que leur présente le recrutement le nombre de soldats qui leur est alloué. L'artillerie commence, puis le génie, la cavalerie, l'infanterie de marine, l'administration ; le reste est pour les chasseurs et l'infanterie.

A partir de ce moment, le recrutement remet à chaque officier récepteur ses recrues et celui-ci les dirige sur leur garnison.

(1) Le budget espagnol, en ce qui concerne l'armée, est généralement de 155 à 160 millions par an. On en consacre 30 aux troupes des colonies et 125 à 130 aux troupes continentales, ce qui permet l'entretien de 95,000 hommes environ.

ment sont affectés à la 1re portion, dont 28,000 en moyenne à l'infanterie.

Si l'on résume les forces que l'Espagne peut dans ces conditions mettre sur pied, sans toucher à son armée d'outre-mer, on trouve pour un service de douze ans, dont trois dans l'active, trois dans la première réserve et six dans sa deuxième, savoir :

Partie instruite :

3 contingents de 35,000 hommes de l'activité ;

3 contingents de 35,000 hommes de la 1re réserve ;

6 contingents de 35,000 hommes de la 2° réserve.

Soit un total de 420,000 hommes qui se réduit à 365,000 ou 370,000 si l'on tient compte des réductions (1).

---

(1) D'après les statistiques établies, il est de règle à peu près absolue, dans les armées européennes, de considérer un contingent annuel comme perdant (par suite de réformes et de décès) 4 p. 100 la première année, 3 p. 100 la deuxième et 2 p. 100 les années suivantes.

En supposant 35,000 hommes exactement pour la 1re portion, les chiffres exacts seraient :

3 contingents d'activité......	101.185	hommes.
3 contingents de 1re réserve..	93.870	
6 contingents de 2e réserve..	171.362	
TOTAL........	366.415	hommes.

Partie non instruite (sur le pied d'un contingent total de 60,000, ce qui est un maximum) :

6 contingents de 25,000 hommes (recrues disponibles);

6 contingents de 25,000 hommes (réserve de supplément).

Soit un total de 300,000 hommes qui se réduit à 260,000 hommes si l'on tient compte des réductions (1).

En résumé, et lorsque la loi aura atteint son apogée, c'est-à-dire en 1894, l'Espagne mettra sur pied, en cas de mobilisation, 625,000 soldats, dont un peu plus de moitié, 365,000 environ, d'hommes instruits (2).

Pour que cette instruction ne se perde pas, la loi autorise l'appel sous les drapeaux, tous les deux ans, d'un certain nombre de classes de réserve pour des périodes d'exercice de trente à quarante

---

(1) En établissant la même règle que ci-dessus pour les déchets, on trouve exactement :

Pour six contingents (recrues disponibles) .... 139.325 hommes.
Pour six contingents (réserve de supplément) 122.400

TOTAL .... 261.725 hommes.

(2) Calcul exact : 628,140 hommes dont 366,415 instruits.

jours. Jusqu'ici, ces appels n'ont pas été mis en pratique.

La Péninsule espagnole est divisée militairement en douze districts (dénommés capitaineries générales), placés sous l'autorité d'un général (soit capitaine général, grade équivalent à celui de maréchal, soit général de division).

Chaque district se subdivise en un certain nombre de provinces. Il y en a quarante-six en tout. Il y a dans chacune un général gouverneur de la province en résidence au chef-lieu. Habituellement, celui qui réside au même lieu que le capitaine général du district est le commandant en second et supplée au capitaine général s'il s'absente (1).

_____

(1) Cette organisation n'a aucune corrélation avec les divisions françaises, régions de corps d'armée et subdivisions de région.

Il faut, pour les mieux comprendre, se reporter à la division du territoire français avant la guerre de 1870.

Les généraux sont plutôt des commandants territoriaux que des commandants de division et de brigade. Du reste, sauf sur la frontière française, nulle part les corps ne sont embrigadés.

Après la guerre carliste, et pour prévenir de nouvelles insurrections ou du moins pour être plus à même d'improviser une organisation en cas d'une nouvelle insurrection, on a conservé

Les districts et subdivisions correspondent aux divisions politiques et sont :

1. District des provinces basques :
Subdivisions : Provinces d'Alava, de Guipuzcoa, de Biscaye.
2. District de la Navarre : Province de Pampelune.
3. District de l'Aragon : Provinces de Saragosse, de Huesca, de Teruel.
4. District de Catalogne : Provinces de Barcelone, Tarragone, Lerida, Gerone.
5. District de Valence : Provinces de Valence, Alicante, Murcie, Albacète, Castellon.
6. District de Grenade : Provinces de Grenade, Malaga, Almeria et Jaen.
7. District d'Estramadure : Provinces de Badajoz et Cacerès.
8. District d'Andalousie (1) : Provinces de Séville, Cadix, Cordoue, Huelva.

---

leur embrigadement aux corps en garnison dans les provinces basques, la vieille Castille, la Navarre, l'Aragon, la Catalogne.

Ainsi, toutes les troupes des garnisons de la vieille Castille, des provinces basques et de la Navarre forment une armée dite du Nord, composée de six divisions d'infanterie, une brigade de cavalerie ; celles de Catalogne : deux divisions d'infanterie, une de cavalerie.

Partout ailleurs que dans ces divisions et brigades, les troupes des garnisons sont directement subordonnées au commandant du district qui, lorsqu'il est maréchal, est absolument omnipotent.

(1) Il y a, de plus, sous la direction du capitaine général de l'Andalousie, un territoire militaire, ayant un chef particulier, qu'on appelle le Camp de Gibraltar. C'est la partie du territoire

9. District de Burgos : Provinces de Burgos, Santander, Soria et Logrono.

10. District de Galice : Provinces de la Corogne, Lugo, Orense, Pontevedra.

11. District de la vieille Castille : Provinces de Léon, Oviédo, Zamora, Avila, Valladolid, Palencia et Salamanque.

12. District de la nouvelle Castille : Provinces de Madrid, Cuenca, Ségovie, Tolède, Guadalajara et Ciudad-Réal (1).

---

andalou qui forme la presqu'île sur laquelle est bâti Gibraltar.

L'Espagne a conservé cette particularité comme une sorte de protestation contre l'occupation par les Anglais d'un cap qui lui appartient géographiquement.

On sait comment les Anglais se sont emparés de Gibraltar pendant la guerre qui a pris le nom de Guerre de la Succession d'Espagne, parce que le trône d'Espagne était en litige entre Philippe V, petit-fils de Louis XIV, soutenu par la France, et Charles, archiduc d'Autriche, soutenu par l'empereur d'Allemagne et l'Angleterre.

Le 5 août 1704, l'amiral Rooke, avec la flotte anglaise, se présenta devant Gibraltar où commandait le sergent-major de bataille don Diégo-Salinas. On ne s'attendait pas du tout à une agression, et les troupes, à peine débarquées, entrèrent dans la ville sans coup férir, à la suite d'une capitulation qui portait que la garnison (elle se composait de quatre-vingts hommes) et les habitants prêteraient serment de fidélité à leur véritable roi Charles d'Autriche.

Mais l'Angleterre avait des vues sur ce point si avantageux pour dominer l'entrée de la Méditerranée. Ce fut le drapeau anglais qu'on planta sur les remparts, et lorsqu'au traité d'Utrecht (1713) on régla définitivement la question de suc-

CHAPITRE II

COMPOSITION, RECRUTEMENT ET MOBILISATION
DE L'ARMÉE

L'Espagne a divisé son armée active en :
61 régiments d'infanterie ;
21 bataillons de chasseurs ;
28 régiments de cavalerie ;
13 régiments et 8 bataillons d'artillerie ;
 5 régiments et 2 bataillons du génie.

Les troupes sont inégalement réparties sur le territoire, suivant les ressources du casernement.

1° *Infanterie.*

Les régiments d'infanterie sont à deux bataillons de quatre compagnies, plus deux cadres de compagnie de dépôt. D'après

---

cession, les plénipotentiaires anglais, tout en reconnaissant Philippe V, y mirent comme condition que Gibraltar serait acquis à l'Angleterre.

Il est certain qu'en dépit de ce traité, l'occupation anglaise a un vice originel et provient d'une surprise. Si l'on joint à cela que la presqu'île sur laquelle est bâtie la ville fait partie intégrante du territoire espagnol, il ne saurait y avoir de discussion possible sur la validité de cette revendication.

(1) Il convient d'ajouter : le district des Baléares et celui des Canaries, puis la commanderie de Ceuta.

Ces trois petites divisions territoriales ont un hef et des garnisons.

la loi des cadres et les circulaires ministé-
rielles suivantes, la composition est :

Pour la compagnie active : 1 capitaine,
2 lieutenants, 2 sous-lieutenants (alférés)
dont un surnuméraire, 1 sergent-major,
3 sergents, 10 caporaux, 4 clairons dont
un élève , 100 soldats dont 4 de première
classe (1).

Pour la compagnie de dépôt : 1 capitaine, 2 lieutenants, 2 sergents, 1 clairon.

Pour l'état-major du bataillon : 1 lieutenant-colonel commandant, 1 commandant
en second, 1 adjudant-major chargé de
l'administration, 1 porte-drapeau, 1 médecin, 1 armurier, 1 caporal clairon, 1 aumônier (2).

Pour l'état-major du régiment :
1 colonel, 1 chef de musique, 36 musiciens classés et 1 sergent clairon.

Le bataillon, comme on va le voir ci-
après, est l'unité de formation. Il com-
prendrait donc régulièrement 23 officiers
de compagnie et 4 d'état-major, total 27
(aumônier et médecin non compris) et

(1) La compagnie se divise en quatre sections,
subdivisées en deux demi-sections, subdivisées
chacune en deux escouades.

(2) Dans un grand nombre de bataillons, si ce
n'est dans tous, il y a encore, contrairement à la
loi des cadres, un deuxième commandant qu'on
appelle le fiscal et qui s'occupe spécialement
des questions ayant trait à la justice.

477 hommes. On a décidé que ce chiffre serait réduit à 404, dans lequel sont compris tous les sous-officiers, caporaux et soldats (pour moitié) remplissant au corps des fonctions en dehors du rang, tels les musiciens, les sapeurs, les ordonnances des officiers (1).

Pendant les trois mois qui suivent l'arrivée des recrues, soit mars, avril, mai, ce chiffre de 404 s'augmente de 202 hommes environ qui sont le contingent de la classe la plus ancienne, laquelle doit partir le 1er juin.

Chaque classe, en un mot, fournit au bataillon 202 hommes.

Les régiments sont numérotés de 1 à 60 et ont, de plus, un nom particulier qui est de tradition. Ils occupent toujours les mêmes garnisons. Cette disposition s'applique à toute l'armée espagnole depuis le 2 janvier 1889.

Il existe, en outre, un régiment d'Afrique dont l'effectif et la composition sont les mêmes que pour les autres corps.

---

(1) L'effectif de paix d'un régiment d'infanterie était exactement de 910 hommes de troupe. Depuis 1889 (12 mars), il est de 808 seulement. Le bataillon de chasseurs est fort de 404 hommes.

Régiments d'infanterie.

NUMÉ-ros.	NOMS.	GARNISONS.
1	du Roi.	Saragosse.
2	de la Reine.	Algeciras.
3	du Prince.	Valladolid.
4	de la Princesse.	Alicante.
5	de l'Infant.	Saragosse.
6	Saboya.	Leganès.
7	Africa.	St-Sébastien.
8	Zamora.	La Corogne.
9	Soria.	Séville.
10	Cordoue.	Grenade.
11	San-Fernando.	Leganès.
12	Zaragoza.	Madrid.
13	Mallorca.	Valence.
14	Amérique.	Pampelune.
15	Estramadure.	Jerès.
16	Castille.	Badajoz.
17	Bourbon.	Malaga.
18	Almansa.	Barcelone,
19	Galice.	Saragosse.
20	Guadalajara.	Valence.
21	Aragon.	Figueras.
22	Gerone.	Saragosse.
23	Valence.	St-Sébastien.
24	Baylen.	Santander.
25	Navarre.	Tarragone.
26	Albuera.	Lerida.
27	Cuença.	Alcala de Henarès.
28	Luchana.	Melilla.
29	Constitution.	Pampelune.
30	Loyauté.	Burgos.
31	Asturies.	Madrid,
32	Isabelle II.	Salamanque.
33	Séville.	Carthagène.
34	Grenade.	Séville.
35	Tolède.	Valladolid.
36	Burgos.	Logroño.
37	Murcie.	Vigo.

NUMÉ-ros.	NOMS.	GARNISONS.
38	Léon.	Madrid.
39	Cantabrie.	Pampelune.
40	Malaga.	Carthagène.
41	Covadonga.	Alcala de Henares.
42	Baléares.	Guadalajara.
43	Canaries.	Madrid.
44	Antilles.	Grenade.
45	Garellano.	Bilbao.
46	San-Marcial.	Burgos.
47	Tétuan.	Valence.
48	Espagne.	Carthagène.
49	San-Quintin.	Lerida.
50	Pavie.	Cadix.
51	Otumba.	Castellon de la Plana.
52	Philippines.	Mallorca.
53	Wad-ras.	Madrid.
54	Vizcaya.	Valence.
55	Andalousie.	Santona.
56	Baza.	Mahon.
57	Guypuzcoa.	Barcelone.
58	Luçon.	La Corogne.
59	Asie.	Gironc.
60	Alava.	Cadix.

Outre ces soixante régiments de ligne, l'infanterie se compose de vingt bataillons de chasseurs ne différant guère des bataillons de ligne que par une légère différence dans l'uniforme.

Leur composition est la même, sauf une petite différence dans la musique, qui se compose régulièrement de vingt-sept musiciens.

De même que les régiments, les bataillons de chasseurs sont numérotés de 1 à 20 et ont chacun un numéro et un nom particulier et distinctif. Leur effectif de paix est exactement de 404 hommes de troupe.

Bataillons de chasseurs.

NUMÉROS.	NOMS.	GARNISONS.
1	Cataluña.	Cordoue.
2	Madrid.	Vitoria.
3	Barcelone.	Barcelone.
4	Barbastro.	Vitoria.
5	Tarifa.	Badajoz.
6	Figuiéres.	Olot.
7	Ciudad Rodrigo.	Madrid.
8	Alba de Tormés.	Valence.
9	Arapiles.	Madrid.
10	Las Navas.	Vitoria.
11	Llerena.	Vitoria.
12	Segorbe.	Séville.
13	Mérida.	Barcelone.
14	Estella.	Orduna.
15	Alphonse XII.	Barcelone.
16	Reus.	La Corogne.
17	Cuba.	Malaga.
18	Habana.	Oviedo.
19	Porto-Rico.	Madrid.
20	Manille.	Madrid.

L'infanterie comprend, en outre, deux compagnies à pied de garde royale (hallebardiers) servant dans l'intérieur du palais du souverain. Ces compagnies, analogues

aux gardes du corps de la Restauration,
sont commandées par un capitaine-général
et se composent chacune de : 1 colonel
(capitaine), 2 lieutenants-colonels (lieutenants), 2 commandants (sous-lieutenants),
1 capitaine (sergent-major), 4 capitaines
(sergents), 8 caporaux (sous-lieutenants),
2 tambours et 100 gardes (sous-officiers).

Il y a, de plus :

Un bataillon de chasseurs des Canaries.

Un bataillon de disciplinaires à Mellila.

2° *Cavalerie.*

Les régiments de cavalerie espagnole
sont, comme ceux d'infanterie, numérotés
de 1 à 28 et ont, de plus, chacun un nom
particulier.

Ils se composent :

De lanciers, nos 1 à 8.

De dragons, nos 9 à 12.

De chasseurs, nos 13 à 18, 21 à 28.

De hussards, nos 19 à 20.

Ils sont tous à quatre escadrons.

La composition est, suivant la loi des
cadres :

Pour l'escadron : 1 capitaine, 3 lieutenants, 2 caporaux, 4 trompettes, 4 maréchaux et forgerons, 4 cavaliers de 1re
classe, 72 cavaliers, 103 chevaux.

Pour l'état-major : 1 colonel, 1 lieute-

nant-colonel, 4 commandants, 4 capitaines,
4 adjudants-majors, 1 lieutenant, 4 vétérinaires, 1 maître d'équitation, 1 sellier,
1 armurier, 1 chef trompette, soit un total
de 39 officiers, 520 hommes, 440 chevaux (1).

---

(1) Cette formation de la cavalerie est postérieure
à la loi d'organisation de 1882.

D'après cette loi, il n'y avait que 24 régiments :
12 de lanciers, 10 de chasseurs et 2 de hussards.

Il y avait, de plus, deux escadrons formant
corps (chasseurs de Galice et de Majorque).

On a transformé en dragons quatre régiments
de lanciers, et on a créé, avec les escadrons indépendants et en empruntant aux autres, quatre nou-
veaux régiments de chasseurs.

Toutefois, jusqu'à ce que le budget le permette,
ces quatre régiments n'ont guère que des cadres.
On ne leur a affecté que 149 hommes et 90 chevaux.

Du reste, en ce qui concerne la cavalerie, dont
la remonte est fort difficile, en raison de la difficulté de se procurer des chevaux, on ne suit qu'à
peu près la loi des cadres, et, chaque année, suivant le budget, on détermine quelle sera la composition du régiment.

Le décret du 12 mars 1889 a fixé à 441 hommes
l'effectif de chaque corps.

Régiments de cavalerie.

NATURE du RÉGIMENT.	NUMÉROS.	NOMS.	GARNISONS.
Lanciers.	1	du Roi.	Saragosse.
Id.	2	de la Reine.	Madrid.
Id.	3	du Prince.	Barcelone.
Id.	4	de Bourbon.	Reus.
Id.	5	de Farnèse.	Palencia.
Id.	6	de Villaviciosa.	Badajoz.
Id.	7	d'Espagne.	Burgos.
Id.	8	de Sagonte.	Valence.
Dragons.	9	de Santiago.	Grenade.
Id.	10	de Montesa.	Aranjuez.
Id.	11	de Numance.	Pampelune.
Id.	12	de Lusitanie.	Madrid.
Chasseurs.	13	d'Almansa.	Salamanque.
Id.	14	d'Alcantara.	Barcelone.
Id.	15	de Talavera.	Valladolid.
Id.	16	d'Albuera.	Logrono.
Id.	17	de Tetuan.	Barcelone.
Id.	18	de Castillejos.	Saragosse.
Hussards.	19	de la Princesse.	Alcala de Henarès
Id.	20	de Pavie.	Idem.
Chasseurs.	21	d'Alphonse XII.	Seville.
Id.	22	de Sesma.	Valence.
Id.	23	de Villarobledo.	Cordoue.
Id.	24	d'Arlaban.	Vitoria.
Id.	25	de Galice.	Santiago.
Id.	26	de Majorque.	Villafranca.
Id.	27	de Marie-Christine.	Madrid.
Id.	28	de Vitoria.	Jerez.

La cavalerie comprend, en outre, l'escadron d'escorte royale qui accompagne le souverain hors du palais.

Il se compose d'un colonel, 1 lieutenant-colonel, 2 capitaines commandants, 2 capitaines (lieutenants), 2 lieutenants (sous-lieutenants) et 100 cavaliers.

Enfin, il existe une section de chasseurs d'Afrique.

3° *Artillerie.*

L'artillerie de l'armée espagnole comprend :

5 régiments divisionnaires.
5 régiments de corps.
3 batteries à cheval.
2 régiments de montagne.
1 régiment de siège.
8 bataillons de forteresse.

Les régiments portent un numéro, mais n'ont pas de nom particulier.

Les régiments divisionnaires et de montagne ont six batteries ; ceux de corps et de siège en ont quatre. Toutes les batteries, sauf celles à cheval, ont quatre pièces en temps de paix et six en temps de guerre. Chaque pièce a son caisson dans les batteries montées et de position ; il s'y ajoute par batterie une forge, une fourragère en temps de paix et de guerre, deux autres caissons sur le pied de mobilisation, soit dix voitures en temps de paix et seize en temps de guerre.

Les régiments divisionnaires ont des pièces en bronze se chargeant par la culasse, du calibre de $0^m,08$ et lançant des projectiles ordinaires ou à balles du poids de $4^k,500$ environ.

Les régiments de corps ont des pièces du même genre, d'un calibre un peu plus fort, $0^m,09$, lançant aussi des obus ordinaires ou à balles du poids de 6 à 7 kilogs.

Toutes les voitures sont attelées de mulets (1). Les pièces de $0^m,08$ sont attelées à quatre, celles de $0^m,09$ à six et tous les caissons à six.

En temps de paix, la batterie divisionnaire a : 1 capitaine, 2 lieutenants, 1 sous-lieutenant, 107 hommes, 42 mulets et un nombre de chevaux variable qui est généralement de 16 à 20.

La batterie de corps compte 1 capitaine, 2 lieutenants, 1 sous-lieutenant, 119 hommes, 60 mulets, et le même nombre de chevaux que la batterie divisionnaire.

Le régiment de siège est à quatre batteries de quatre pièces.

Les régiments de montagne ont des pièces en acier se chargeant par la culasse, du calibre de $0^m,08$, lançant des obus ordinaires ou à balles du poids de 4 à 5 kilogs.

---

(1) Sauf pour les batteries à cheval.
Deux de ces trois unités sont rattachées aux 2º et 4º régiments de corps ; la troisième n'avait encore que des cadres en mars 1889.

Ces pièces sont analogues aux pièces françaises, sauf la fermeture, et pèsent un peu plus de 100 kilogs.

La batterie se compose de : 1 capitaine, 2 lieutenants, 1 sous-lieutenant, 116 hommes, 30 mulets et 9 chevaux.

Les régiments ont un état-major à peu près semblable à celui des régiments de cavalerie ; ils ont de plus une 5e ou 7e batterie qui n'a qu'un cadre restreint, sans hommes ni chevaux, et qui doit servir à organiser des sections de munitions ; mais les détails de cette organisation sont encore vagues.

Il y a de plus huit bataillons d'artillerie de forteresse organisés à peu près comme les bataillons d'infanterie et destinés au service de défense des places fortes (1). Trois sont à six compagnies et cinq à quatre.

On trouve donc en résumé, pour l'artillerie (temps de paix) :

```
30 batteries de 8........ avec 120 canons.
20 batteries de 9........ avec  80 canons.
12 batteries de montagne avec  48 canons.
 4 batteries de siège.... avec  16 canons.
 3 batteries à cheval.... avec  18 canons.
38 compagnies de place.
```

---

(1) L'effectif de l'artillerie est très faible dans l'armée espagnole et les Ministres de la guerre ont souvent attiré sur cette arme l'attention du gouvernement.

Total, 282 pièces qui s'augmentent de
132 sur le pied de mobilisation; c'est en ce
cas environ une pièce par 1,000 hommes.

Régiments d'artillerie.

RÉGIMENTS.	EFFECTIFS DE PAIX.	GARNISONS.
Régiment de siège.	379	Madrid.
1er régiment de corps.	341	Séville.
2e — —	424	Vicalvaro.
3e — —	341	Burgos.
4e — —	424	Madrid.
5e — —	341	Madrid.
1er régiment divisionnaire.	431	Valladolid.
2e — —	431	Saragosse.
3e — —	431	Valence.
4e — —	431	Barcelone.
5e — —	431	Madrid.
1er régiment de montagne.	569	Barcelone.
2e — —	569	Vitoria.
1er bataillon de place.	561	Barcelone.
2e — —	561	Cadix.
3e — —	561	Couta.
4e — —	375	Ferrol.
5e — —	375	Pampelune.
6e — —	375	Valence.
7e — —	375	Santona.
8e — —	375	Baléares.

4° *Génie.*

Le génie, en Espagne, comprend, outre
les troupes techniques, les pontonniers,

les télégraphistes, les ouvriers de chemins de fer et la brigade topographique.

Il se compose :

1° De quatre régiments de sapeurs-mineurs à deux bataillons de quatre compagnies, plus une de dépôt.

Leur organisation est à très peu près, comme état-major et comme cadres, celle de l'infanterie.

Le nombre de soldats des compagnies est un peu plus fort (1).

----

(1) L'effectif en soldats est fixé annuellement par le Ministre, suivant les ressources du budget.

Il est, en 1890, de 720 hommes pour les régiments de sapeurs mineurs, de 439 pour celui de pontonniers et de 399 ou 398 pour les bataillons de chemins de fer et de télégraphistes.

Les compagnies du génie travaillent aux fortifications; ainsi, par exemple, les forts de la vallée de Jaca, où doit déboucher le chemin de fer international pyrénéen, sont construits par des compagnies du génie qui viennent chaque année pour les mois d'été dans la vallée.

Les projets de réorganisation établis en 1887 par le général Cassola, donneraient la composition suivante à l'armée espagnole :

Armée de première ligne, 300,000 hommes :

71 régiments d'infanterie à trois bataillons (213).
15 bataillons de chasseurs (15).
1 régiment des Canaries.
71 zones de recrutement.
8 écoles de tir.
28 régiments de cavalerie de première ligne.

Le 1ᵉʳ régiment de sapeurs-mineurs est à Logrono ; le 2ᵉ est à Madrid ; le 3ᵉ est à Séville ; le 4ᵉ est à Barcelone.

---

21 régiments de cavalerie de réserve.

4 établissements de remonte.

4 dépôts de juments.

8 régiments d'artillerie divisionnaire à 6 batteries (48).

8 régiments d'artillerie de corps (position, montagne, à cheval).

8 régiments d'artillerie de place.

Génie . . . . .
- 8 bataillons mixtes et de réserve.
- 1 régiment de pontonniers.
- 1 école de pontonniers.

Etat-major et troupes d'administration.
- 1 brigade à pied.
- 8 sections montées.
- 1 brigade d'infirmiers.
- 1 brigade de troupes d'administration.
- 28 compagnies du train.

Régiment d'infanterie.

1 colonel.
3 lieutenants-colonels.
4 commandants.
17 capitaines.
39 lieutenants.
863 hommes pied de paix.
2.647 hommes pied de guerre.

Bataillon de chasseurs.

1 colonel.
1 lieutenant-colonel.
1 commandant.
9 capitaines.
20 lieutenants.
6 compagnies.
451 hommes pied de paix.
1.383 hommes pied de guerre.

Régiment de cavalerie.

1 colonel.
1 lieutenant-colonel.
3 commandants.
9 capitaines.
18 lieutenants.
5 escadrons dont 1 de dépôt.
441 hommes, temps de paix.
806 hommes, temps de guerre.

Régiment d'artillerie divisionnaire.

1 colonel.
1 lieutenant-colonel.
2 commandants.
11 capitaines.
21 lieutenants.

2° Les pontonniers constituent un régiment subdivisé en quatre groupes qui forment chacun « un équipage de pont ».

La constitution de ce régiment est à peu près celle d'un bataillon avec ses quatre compagnies.

Il est commandé par un colonel.

3° Enfin les télégraphistes et les ouvriers des chemins de fer forment deux bataillons à quatre compagnies; il existe en outre une brigade topographique à deux compagnies.

La partie centrale du régiment de pontonniers est à Saragosse.

Celle des bataillons des télégraphes, des chemins de fer et de la brigade topographique est à Madrid.

Il n'y a pas en Espagne de train des équipages en temps de paix. En cas de mobilisation on compte en former un au

---

Régiment d'artillerie de corps.

1 colonel.
1 lieutenant-colonel.
2 commandants.
11 capitaines.
22 lieutenants.

Régiment d'artillerie de place.

1 colonel.
1 lieutenant-colonel.
10 capitaines.
21 lieutenants.

Bataillon mixte du génie.

1 lieutenant-colonel.
1 commandant.
8 capitaines.
14 lieutenants.

Régiment de pontonniers.

1 colonel.
1 lieutenant-colonel.
2 commandants,
8 capitaines.
14 lieutenants.

moyen de la réquisition. Toutefois, lors de la discussion de la loi d'organisation, le Ministre a fait ressortir ce qu'une pareille situation avait de difficile et ses desseins à ce sujet ont été accueillis et approuvés.

De la composition qui vient d'être détaillée, il résulte qu'il y a en Espagne :

1° *Infanterie.*

140 bataillons d'infanterie (120 de ligne, 20 de chasseurs) ;

140 cadres (réduits) de compagnie (une par bataillon).

Avant le 25 mars 1889, la mobilisation venant à s'opérer, chacun de ces bataillons recevait tous les hommes d'infanterie d'une circonscription déterminée appartenant à la première réserve, c'est-à-dire ayant passé sous les drapeaux, et se mettait sur le pied de guerre.

Son cadre s'augmentait dans chaque compagnie d'un sous-lieutenant, de deux sergents, quatre caporaux, et le chiffre total d'effectif était porté à 250 hommes.

Le bataillon une fois formé à 1,000 hommes, tout ce qui restait disponible était versé dans la cinquième compagnie, laquelle était formée d'un cadre semblable à celui des quatre autres.

Afin que cette opération se fît avec un

certain ensemble, on avait divisé la péninsule en 140 circonscriptions de recrutement, se rapprochant le plus possible des circonscriptions administratives civiles et délimitées toutefois de manière à avoir un chiffre à peu près égal de population. Chacune de ces 140 circonscriptions correspondait à un des 140 bataillons de l'armée active et à son bureau de recrutement où étaient tenus les contrôles des hommes de la circonscription de 21 à 32 ans (1).

Comme ces circonscriptions ne coïncidaient forcément pas avec les garnisons des bataillons, on avait assuré la formation des bataillons à mobiliser, l'envoi de leurs recrues en temps de paix et l'entretien de leur effectif en temps de guerre, en créant

---

(1) Chacune des 140 circonscriptions de bataillon était commandée par un colonel, savoir : les circonscriptions impaires, par un colonel du cadre actif ; les circonscriptions paires, par un colonel du cadre de réserve.

Le colonel commandait le territoire, le bureau de recrutement, le bataillon de dépôt, le bataillon de réserve.

En cas de mobilisation, les bataillons de réserve réunis deux par deux en régiments étaient commandés par le colonel de la circonscription impaire, et le colonel de la circonscription paire prenait, en plus du sien, le commandement territorial laissé vacant par le départ du colonel de la circonscription impaire.

au chef-lieu de chacune le cadre d'un bataillon, dit de dépôt.

Ce bataillon (il y en avait, par conséquent, 140) avait quatre cadres de compagnie : 1 capitaine, 2 lieutenants, 2 sous-lieutenants, 1 sergent, 1 clairon, et un état-major : 1 lieutenant-colonel, 2 commandants, 1 adjudant-major, 1 porte-drapeau, 1 caporal clairon.

Cet état-major était le cadre où venaient se réunir les hommes de la première réserve, les recrues disponibles, les réservistes supplémentaires, les exonérés, les exemptés, en un mot les hommes ayant servi jusqu'à leur vingt-sixième année et les hommes n'ayant jamais servi jusqu'à leur trente-deuxième.

En temps de paix, ce bataillon de dépôt était chargé de réunir les recrues de 20 ans pour les diriger sur le bataillon correspondant. En temps de guerre, il réunissait les hommes de la première catégorie de réserve, soit ceux de 24, 25 et 26 ans, pour les diriger aussi sur le bataillon correspondant, et enfin il agglomérait les hommes de 20 à 26 ans n'ayant jamais servi, leur donnait une rapide instruction militaire et les envoyait, lorsqu'ils étaient à peu près en état d'entrer dans les rangs, combler les vides de la guerre dans ce même bataillon.

Ce bataillon était donc le dresseur des hommes de remplacement.

Telle était la composition de guerre de l'infanterie de première ligne.

Il restait à utiliser les hommes d'infanterie ayant servi, passés dans la deuxième réserve, c'est-à-dire de leur vingt-septième à leur trente-deuxième année, et les réservistes supplémentaires : c'est avec eux qu'on formait l'infanterie de l'armée de deuxième ligne.

Pour cela, dans les mêmes chefs-lieux de circonscription de recrutement, on avait créé des cadres de bataillons de réserve à quatre compagnies.

Les compagnies avaient un cadre réduit de : 1 capitaine, 2 lieutenants, 1 sous-lieutenant, 1 sergent, 1 clairon.

Les bataillons comptaient : 1 lieutenant-colonel, 3 commandants, 1 adjudant-major, 1 caporal clairon.

Cet état-major était le cadre où venaient se réunir les hommes de la deuxième réserve et de la réserve supplémentaire.

Il administrait les hommes d'infanterie de 27 à 32 ans. C'étaient les cadres de ces bataillons de réserve qui instruisaient en temps de paix (ou plutôt qui devaient instruire) les réservistes ayant servi, s'ils étaient appelés à des convocations bisannuelles.

En temps de guerre, ces bataillons se mettaient sur le même pied que les bataillons de l'armée active de première ligne, étaient groupés deux par deux en régiments, et comme les quatre compagnies portées à 250 hommes ne suffisaient pas à absorber les contingents, ils formaient une cinquième compagnie dans laquelle venait s'agglomérer le surplus de l'effectif réglementaire. C'est cette cinquième compagnie qui alimentait les autres, le cas échéant.

L'infanterie espagnole sur pied de guerre comprenait donc :

140 bataillons de première ligne de 1,000 hommes.
140 bataillons de deuxième ligne de 1,000 hommes.
140 compagnies alimentant la première ligne.
140 compagnies alimentant la deuxième ligne.
140 bataillons de dépôt préparant les troupes de remplacement.

Toute cette organisation reposait sur la division du territoire en 140 circonscriptions de bataillon (1).

---

(1) Ces compagnies d'hommes de remplacement et de bataillon de dépôt avaient ordinairement des effectifs indéterminés, dépendant du plus ou moins d'hommes répondant aux appels.

2° *Cavalerie.*

L'organisation était absolument celle de l'infanterie ; on avait divisé le territoire en vingt-huit circonscriptions, correspondant chacune à un régiment.

Dans chacun des chefs-lieux de ces circonscriptions (c'étaient sensiblement les lieux de garnison) se trouvait un cadre d'un escadron de dépôt.

Il était formé de : 1 lieutenant-colonel, 1 commandant, 1 capitaine, 1 lieutenant, 1 sergent-major.

De même que dans l'infanterie le bataillon de dépôt, ce cadre devait, en temps de paix, réunir les recrues destinées au régiment correspondant ; en temps de guerre, réunir ces cavaliers de 1re réserve, et envoyer au régiment ce qu'il lui fallait pour porter les effectifs à 700 hommes. Il conservait le surplus et l'administrait comme troupes de remplacement (1). Dans ce même chef-lieu ou dans une ville de la

---

(1) La cavalerie n'a pas comme l'infanterie de recrues disponibles. La deuxième portion du contingent, les exonérés, les exemptés sont tous mis dans l'infanterie. On n'a donc qu'à s'occuper des hommes de la première réserve et par suite on a pu obliger les cadres de l'escadron de dépôt à tenir les contrôles de ces réservistes et en faire les bureaux de recrutement de la cavalerie.

circonscription, et pour utiliser les cavaliers de la 2ᵉ réserve, on avait préparé la mobilisation d'un régiment dit de réserve.

Un cadre de 1 colonel, 1 lieutenant-colonel, 2 commandants, 5 capitaines, 8 lieutenants, 4 sergents-majors, 4 cavaliers, était destiné à faire le fond de ce régiment de 2ᵉ ligne.

La cavalerie espagnole mise sur le pied de guerre aurait donc été forte de :

28 régiments à 4 escadrons de 175 hommes ;

28 escadrons de dépôt, réunissant et préparant le surplus des hommes de la 1ʳᵉ réserve ;

28 régiments de réserve à 4 escadrons (à effectifs indéterminés), réunissant les hommes de la 2ᵉ réserve (1).

3° *Artillerie.*

De même que la cavalerie, l'artillerie n'a pas de recrues disponibles. Son passage du pied de paix au pied de guerre s'effectue

---

(1) Ainsi qu'on l'a fait remarquer, l'organisation de la cavalerie est de date trop récente pour que l'on puisse d'ici longtemps la considérer comme terminée, d'autant plus que l'Espagne n'est pas riche en chevaux et est obligée à des achats à l'extérieur pour monter même ses escadrons du pied de paix.

à l'aide des hommes de la 1re réserve,
c'est-à-dire des jeunes gens de 24 à 26 ans
ayant déjà servi dans ses corps. Le
chiffre de ces jeunes gens est à peine
suffisant pour porter immédiatement de 4
pièces à 6 les batteries de campagne : en
raison de ces besoins, du service des places
et des côtes très étendues de la Péninsule,
on n'avait pas appliqué à cette arme les
mêmes règles qu'aux deux autres ; on ne
lui avait pas créé de corps de réserve
correspondants aux régiments actifs.

Il existait un certain nombre de *dépôts
de recrutement et de réserve* destinés à tenir
les contrôles des réservistes. En cas de
guerre, ces dépôts les réunissaient et les
dirigeaient sur leurs corps respectifs. En
outre, ils étaient chargés de la réquisition
des chevaux et des voitures destinés à
l'artillerie.

Au contraire, il existait antérieurement
à 1889 quatre régiments de réserve du
génie qui tenaient les contrôles des réservistes destinés aux régiments de sapeurs-
mineurs. Ceux des bataillons des chemins
de fer ou des télégraphes, du régiment de
pontonniers et de la brigade topographique constituaient une réserve particulière.

Le décret royal du 25 mars 1889 a com-
plètement modifié la répartition territo-

riale des zones de recrutement et même l'organisation des réserves de l'armée espagnole. Voici d'après quelles bases :

Ainsi que l'a prescrit le décret du 2 janvier 1889, les garnisons seront désormais permanentes, ce qui permettra à l'avenir d'appliquer le recrutement régional dans les provinces où les lieux de garnison sont les plus nombreux. Ailleurs, les réservistes seront affectés, soit aux corps en garnison à Madrid et dans les environs, soit à la région frontière ou maritime la plus voisine. Les déplacements individuels seraient donc réduits dans des proportions considérables, lors d'une mobilisation.

Au lieu d'affecter à chaque bataillon d'infanterie une zone de recrutement, comme auparavant, on se borne à une seule pour un régiment ou deux bataillons de chasseurs. Il est fait exception pour le 40° (Malaga) et le 44° (Antilles), qui sont affectés en permanence à l'Afrique. On n'a pas voulu imposer à une zone unique le recrutement de chacun : plusieurs zones des provinces méridionales leur ont donc été assignées.

Le nombre des nouvelles zones a été arrêté à 68 (56 régiments d'infanterie de ligne et 10 groupes de 2 bataillons de chasseurs). Chacune est formée, en général, par la réunion de deux des anciennes zones. La réduction de dépenses ainsi obtenue est importante.

Chaque circonscription conserve les trois organes chargés du recrutement, des dépôts et des réserves ; cependant, les attributions de ces derniers sont modifiées.

Le bureau de recrutement porte le nom de *cuadro de reclutamento* (cadre de recrutement). Il a dans ses attributions, outre les appels, l'instruction des recrues disponibles, confiée précédemment au bataillon de dépôt. Quant aux recrues destinées aux armes autres que l'infanterie, elles sont conduites directement aux corps par les soins du cadre de recrutement.

Lors d'une mobilisation, le même organe réunirait et instruirait tous les hommes appelés pour combler les vides de l'armée active ou former de nouvelles unités.

Le personnel du cadre de recrutement, composé uniquement d'officiers de l'armée active, comprend :

1 colonel commandant supérieur de la zone, 1 lieutenant-colonel commandant en second, 2 commandants, 3 capitaines, 4 lieutenants, 2 sergents, 1 caporal et 3 soldats.

Le bataillon de dépôt n'a plus à tenir que les contrôles des hommes *exercés* de la réserve active et de ceux envoyés en congé illimité après avoir passé un certain temps sous les drapeaux.

Les *recrues disponibles* de la plus jeune classe comptent également à l'effectif de ce bataillon pendant une année ; elles sont alors susceptibles d'être appelées à l'activité, pour combler les vides de la première portion du contingent de leur classe.

Dans les zones qui alimentent un régiment d'infanterie, le bataillon de dépôt a pris le nom de *troisième bataillon;* quand il s'agit de zones qui correspondent à des bataillons de chasseurs, il se nomme *bataillon de dépôt de chasseurs.*

En cas de mobilisation, le 3e bataillon fournit aux deux premiers les réservistes exercés destinés à les porter à l'effectif de guerre ; avec le reste, et en empruntant au besoin les hommes non exercés du cadre de recrutement, il atteint le même effectif et rejoint son régiment dès que son instruction est jugée suffisante.

Quant au bataillon de dépôt de chasseurs, après avoir alimenté en réservistes les unités auxquelles il correspond, il forme une nouvelle unité ou se dédouble pour renforcer ces bataillons.

Dès le temps de paix, les 3es bataillons et bataillons de dépôt sont constitués à 4 compagnies. Chacun comprend un cadre permanent, emprunté à l'armée active, et

un cadre éventuel d'officiers de réserve.
Voici quelle est leur composition :

3ᵉ bataillon, cadre permanent : 1 lieutenant-colonel, 1 commandant, 4 capitaines,
4 lieutenants, 2 sergents, 1 caporal et 2
soldats ;

Cadre éventuel : 9 lieutenants, 5 sous-
lieutenants ;

Bataillon de dépôt de chasseurs, cadre
permanent : même composition que ci-
dessus ;

Cadre éventuel : 1 commandant, 4 capitaines, 9 lieutenants et 5 sous-lieutenants.

Les anciens bataillons de réserve ont
été groupés deux par deux en *régiments
de réserve ;* ceux-ci sont au nombre de 68
et portent le numéro de la zone à laquelle
ils correspondent. En temps de paix, ils
inscrivent sur leur contrôle et adminis-
trent les hommes instruits ou non de la
deuxième réserve.

En cas de mobilisation, ils forment avec
les réservistes instruits les deux premiers
bataillons du régiment de réserve. S'il y a
excédent de ressources, ils organisent un
troisième bataillon où entrent surtout les
éléments les moins instruits. L'ensemble
de ces unités de réserve est destiné à constituer les troupes de deuxième ligne.

Les régiments de réserve existent dès le

temps de paix, mais ils ne comportent qu'un cadre permanent de 1 colonel, 1 commandant, 3 capitaines, 4 lieutenants, 2 sergents, 1 caporal, 3 soldats, et un cadre éventuel de 3 lieutenants-colonels, 3 commandants, 14 capitaines, 35 lieutenants, 15 sous-lieutenants.

Le cadre de recrutement et le 3e bataillon, ou le bataillon de dépôt de chasseurs, sont stationnés au chef-lieu de chaque zone. Quant aux régiments de réserve, ils ont leur centre administratif au chef-lieu de l'ancienne zone supprimée.

Enfin, la portion centrale du corps actif tient garnison dans la zone où il se recrute ou dans une circonscription très voisine.

Les armes autres que l'infanterie n'ont pas de *recrues disponibles,* c'est-à-dire de deuxième portion ; elles ne reçoivent que des réservistes *instruits.* Il a donc été nécessaire de modifier pour elles les règles précédemment indiquées.

En principe, chaque régiment actif de cavalerie se recrute dans deux zones militaires ; toutefois, sur le littoral ou dans certaines régions dont les ressources sont insuffisantes, ces circonscriptions sont groupées par trois. A chacun de ces groupes correspond l'un des 28 régiments de réserve. Ils portent sur leurs contrôles les hommes figurant dans la première ou la deuxième réserve. En cas de mobilisation, les premiers sont envoyés au régiment actif et complètent son effectif ; l'excédent et les réservistes de la deuxième réserve servent à constituer le régiment de réserve, quand il est possible.

En ce qui concerne l'artillerie, on n'a pas modifié les dispositions qui ont été indiquées plus haut ; on s'est borné à mettre en concordance les anciens *dépôts de recrutement et de réserve* avec les nouvelles zones militaires.

Chaque régiment actif est alimenté par un dépôt qui tire lui-même ses recrues et ses réservistes d'un certain nombre de zones (de 8 à 12). Il n'existe pas de régiments d'artillerie de réserve.

Au contraire, le génie continue à comprendre 4 régiments de réserve qui tiennent les contrôles des réservistes destinés à l'un des 4 régiments de sapeurs-mineurs correspondants.

Ils sont réduits, en temps de paix, au cadre de leur état-major : 1 lieutenant-colonel, 1 commandant et 1 capitaine de l'armée active.

Quant aux réservistes des bataillons de chemins de fer et de télégraphe, du régiment de pontonniers et de la brigade topographique, ils constituent une réserve particulière.

Zones territoriales.

N°	CHEFS-LIEUX.	N°	CHEFS-LIEUX.	N°	CHEFS-LIEUX.
1	Madrid.	24	Jativa.	47	Linares.
2	Id.	25	Castellon de la Plana.	48	Andujar.
3	Id.	26	Alicante.	49	Antequera.
4	Cuença.	27	Alcoy.	50	Valladolid.
5	Alcazar de San-Juan.	28	Albacète.	51	Avila.
6	Talavera de la Reina.	29	Murcie.	52	Salamanque.
7	Guadalajara.	30	Cieza.	53	Toro.
8	Ciudad-Réal.	31	La Corogne.	54	Léon.
9	Barcelone.	32	Santiago.	55	Astorga.
10	Id.	33	Lugo.	56	Gijon.
11	Manresa.	34	Monforte.	57	Luarga.
12	Gerone.	35	Pontevedra.	58	Burgos.
13	Santa-Coloma de Farnes.	36	Vigo.	59	Miranda de Ebro.
14	Tarragone.	37	Orense.	60	Santander.
15	Lerida.	38	Saragosse.	61	Logrono.
16	Tremp.	39	Catalayud.	62	Vitoria.
17	Séville.	40	Belchite.	63	Saint-Sébastien.
18	Utrera.	41	Huesca.	64	Pampelune.
19	Cadix.	42	Teruel.	65	Badajoz.
20	Huelva.	43	Grenade.	66	Villanueva de la Serena.
21	Cordoue.	44	Guadix.	67	Plasencia.
22	Valence	45	Baza.	68	Palma de Mallorca.
23	Id.	46	Loja.		

En résumé, au point de vue du recrutement, on sert, en Espagne, comme appelé ou comme engagé ou rengagé (1).

L'appel, on l'a vu, porte sur tous les jeunes gens qui ont atteint 19 ans révolus au mois de janvier.

Ce tirage sert à déterminer les hommes qui serviront trois ans et ceux qui seront recrues disponibles (2ᵉ portion). Les jeunes gens peuvent s'exonérer, et alors ils deviennent recrues disponibles, et sont remplacés dans la 1ʳᵉ portion (car il n'y a évidemment que ceux que leur numéro de tirage place dans cette position qui s'exonèrent habituellement) par des rengagés.

Les rengagements se font habituellement avec prime (on voit toutefois, mais c'est rare, se rengager sans prime). Ils ont lieu

---

(1) Engagés et rengagés :

N'ont droit à s'engager et à se rengager avec prime que les gradés, les musiciens, les clairons ou trompettes, les maréchaux ferrants, les maîtres-ouvriers, les soldats de la remonte.

Les engagés sont ceux qui n'ont pas servi effectivement ou qui sont depuis un an libérés de service. Ils ne peuvent le faire que pour quatre ans.

Les rengagés sont ceux qui continuent à servir ou qui ont quitté le service depuis moins d'un an. Ils le font pour un, deux, trois ou quatre ans.

Les engagés ou rengagés sans prime sont les hommes de 16 à 35 ans qui ne sont pas liés au service actif.

dans la Péninsule y compris les Baléares et les Canaries, pour un, deux, trois ou quatre ans.

Les rengagés reçoivent une somme d'argent le jour du rengagement, et une autre le jour où ce rengagement expire. C'est, au moment du rengagement, de 50 à 60 francs pour un an, de 75 à 90 francs pour deux ans, de 100 à 120 francs pour trois ans, de 125 à 150 francs pour quatre ans ; et, au moment de l'expiration, de 125 à 150 francs pour les rengagés d'un an, de 175 à 210 francs pour ceux de deux ans, de 350 à 420 francs pour ceux de trois ans, de 475 à 570 francs pour ceux de quatre ans, suivant les armes.

Il est bien entendu que le rengagement n'est possible que quand on a satisfait à la loi de recrutement et fait ses trois ans sous les drapeaux. On peut alors contracter une suite de rengagements qui mène jusqu'à 45 ans (les musiciens et les ouvriers des arsenaux rengagent même jusqu'à 50 ans).

Le paiement de la somme affectée au rengagement n'est pas le seul bénéfice du rengagé et de l'engagé avec prime. Il reçoit de plus 25 centimes par jour, pendant toute la série des rengagements qui l'amènent à faire dix-sept ans de plus que le service exigé par la loi. S'il va au delà de dix-sept ans, cette prime journalière est doublée (0 fr. 50).

On reconnait les rengagés anciens en ce qu'ils portent des galons sur les manches : un galon lorsqu'ils ont de huit à douze ans de service, deux de douze à vingt ans, trois de vingt à vingt-cinq (1).

Presque tous les premiers sergents, qui correspondent au sergent-major en France, sont rengagés.

Sur le pied de mobilisation.

L'armée espagnole continentale présenterait un chiffre total de 600 à 700,000 hommes, sur lesquels un peu plus de moitié seulement constitueraient des soldats instruits.

Il y a lieu d'y ajouter trois corps solidement constitués et très utilisables en cas de guerre générale.

---

(1) Il y a à Madrid une commission de dix membres, mi-partie généraux, mi-partie civils, qui se nomme : Conseil supérieur des rengagements. C'est cette commission qui établit les comptes d'exonération et de rengagement, lesquels comptes devraient être équivalents.

Le surplus, s'il y en a, est consacré à des dépenses de guerre.

Le nombre des exonérés a varié ces dernières années entre 7,500 et 9,500. Suivant renseignements, il y aurait dans l'armée 20,000 rengagés ou engagés avec prime.

1° *L'infanterie dite de marine.* — Cette infanterie est organisée à très peu près comme l'infanterie de terre.

Elle se recrute par engagements, rengagements et en prenant dans les appelés les premiers numéros à la suite d'un tirage au sort (1).

---

(1) La réorganisation de l'infanterie de marine avait été faite par décret du 27 juillet 1882 ; elle comprenait : 1° 3 régiments à 2 bataillons de 4 compagnies ayant 418 hommes en temps de paix et 1,000 en temps de guerre (par bataillon);

2° Trois régiments de réserve formés chacun d'un bataillon de dépôt et d'un bataillon de réserve. Ces trois régiments se mobilisaient aussi à 1,000 hommes et formaient, en temps de guerre, brigade avec le régiment actif correspondant.

Ces régiments d'infanterie de marine se recrutaient surtout dans les provinces du littoral. Le littoral est divisé en trois départements maritimes (Le Ferrol, Cadix et Carthagène); c'est dans ces trois villes qu'étaient les états-majors des régiments.

Les trois arsenaux maritimes proprement dits ne sont pas gardés par l'infanterie de marine, mais par une compagnie d'infanterie indépendante appelée : *Gardes des arsenaux.*

Les soldats d'infanterie de marine sont de deux genres : ceux qui servent spécialement sur le continent ; ceux qui servent à bord ou qui sont envoyés dans les places maritimes des colonies. Le service est de trois ans pour les premiers et de quatre ans pour les autres ; en compensation, ceux-ci ne font que quatre ans de réserve, au lieu de neuf.

Chaque année, lorsque les recrues arrivent au corps, un tirage au sort particulier est fait entre eux pour désigner ceux qui serviront à bord des vaisseaux et dans les colonies.

Le décret du 30 avril 1886 a supprimé les régiments et les a remplacés par des *tercios* à quatre brigades (compagnies).

Leur nombre n'est pas fixé; il y en a un ou deux par *département maritime*; leur effectif varie suivant les circonstances (1).

L'état-major de chaque tercio comprend 1 lieutenant-colonel, 2 commandants, 1 cataine, 1 sous-lieutenant porte-drapeau, 1 médecin, 1 aumônier, 1 sergent et 2 caporaux secrétaires, 1 armurier et 1 caporal trompette.

Chaque brigade compte 1 capitaine, 3 lieutenants, 1 alférèz, 1 premier sergent, 5 seconds sergents, 8 premiers caporaux, 8 seconds caporaux, 5 clairons, 120 soldats.

L'infanterie de marine est commandée par un général de division et les tercios d'un même département par un géneral de brigade.

Le service de l'infanterie de marine est étroitement lié à celui de l'armée de mer; sur tous les bâtiments montés par plus de 100 hommes, elle compte pour un tiers dans l'effectif de l'équipage. Elle y prend part à tous les services. A cet effet, les sol-

_____

(1) Il existe actuellement six tercios actifs, trois de réserve et trois de dépôt.

dats reçoivent à bord des dépôts flottants une instruction spéciale qui comprend la manœuvre des embarcations ; dans les débarquements, ils sont employés comme tirailleurs et forment les têtes de colonnes.

Une académie générale d'infanterie de marine existe à Cadix et sert au recrutement des cadres ; les élèves y reçoivent une instruction spéciale, puis sont nommés alférécès (sous-lieutenants) dans la proportion des deux cinquièmes des places vacantes ; les trois autres cinquièmes sont réservés aux candidats sortant du rang.

L'effectif de l'infanterie de marine, en 1886, était de 380 officiers et d'environ 7,000 hommes de troupe.

2° *La gendarmerie*. — La gendarmerie est nombreuse en Espagne. Elle porte le nom de *Guardia-civil* et se recrute par engagements et rengagements d'hommes ayant servi. Les budgets indiquent généralement 14,000 hommes de garde civile. Elle se compose surtout d'hommes à pied. Un peu plus du neuvième est à cheval.

La gendarmerie est groupée administrativement en compagnies et escadrons. Ces unités sont groupées deux par deux sous les ordres de commandants. Ces groupes réunis de même par deux ou trois forment des *tercios* aux ordres de colonels.

C'est à peu de chose près l'organisation française (1).

3° Enfin un autre corps militaire est celui des *carabineros* (douaniers).

Organisé à peu près de même que la guardia-civil, le corps des carabiniers comprend non plus des compagnies, mais des sections à pied et à cheval, ces dernières dans de moindres proportions : il n'y en a guère qu'un vingtième à cheval.

Le budget d'Etat indique un chiffre de 14,000 douaniers.

Les carabineros se recrutent par engagements. Ils sont répartis en six districts autour des frontières de terre et de mer, et dans ces districts les sections sont groupées en secteurs appelés *commandancias*, analogues à nos brigades de douaniers (2).

---

(1) La gendarmerie espagnole ressortit principalement, comme la nôtre, au ministère de l'intérieur, sauf en ce qui concerne son organisation et son recrutement qui sont affaires du Ministère de la guerre.

(2) Les carabineros sont comme les gendarmes du ressort spécial du ministère de intérieur. C'est aussi la Guerre qui les organise.

On en a fait assez grand usage en 1875-1876, au commencement surtout de la guerre carliste, alors que l'on avait très peu de troupes sous la main pour contenir l'insurrection en Navarre et dans les provinces basques.

Mobilisation.

Que sera la mobilisation de l'armée espagnole?

Sera-t-elle rapide? Sera-t-elle difficile?

Tout d'abord on peut répondre qu'elle sera longue.

Il n'y a pas concordance entre les emplacements des chefs-lieux des zones territoriales, des cadres de recrutement, des régiments d'infanterie et des régiments de réserve. Le 34e, par exemple, qui tient garnison à Séville, se recrute dans la 46e zone (Loja); le régiment de réserve correspondant (46e) est à Malaga.

Il y a donc là une source de lenteurs, qui, si l'on examine la carte, les voies ferrées et les routes, font supposer que ce n'est guère qu'après dix ou quinze jours peut-être qu'on pourra voir les bataillons sur le pied de campagne.

Les escadrons seront plus vite portés à l'effectif de guerre, mais il leur manquera des chevaux, faute de production suffisante et de loi de réquisition.

L'artillerie, le génie plus encore, se mobiliseront avec lenteur, obligés d'aller chercher leurs réservistes disséminés partout; pour la première de ces armes, l'augmentation du chiffre des attelages ne laissera pas que d'être une sérieuse difficulté.

Une autre cause de retards est le manque d'organisation des troupes du train.
On compte pouvoir, la guerre venant, former les convois avec des voitures et des
attelages loués aux particuliers. Peut-être
aura-t-on des déboires; en tout cas on
éprouvera des difficultés.

Enfin, quel que soit le travail des ministres et des bureaux, on ne peut rien créer
sans argent et, dans ces conditions, il
s'écoulera de longues années avant qu'on
puisse s'assurer un matériel suffisant d'effets, d'approvisionnements, de canons,
d'équipements.

D'autre côté, il faut tenir compte de la
nation, de son esprit, de ses qualités. Sous
l'empire d'une surexcitation, si son orgueil
est en jeu, elle se jettera à corps perdu
dans une aventure; elle suppléera à ce qui
fera défaut par l'entrain et la décision.

Ce n'est pas tout évidemment pour arri-
ver, mais c'est un grand appoint, surtout
dans un pays ayant de sérieuses frontières
difficiles à aborder et où on conserve
le souvenir de la résistance à l'invasion.

Matériel d'armement.

L'infanterie espagnole était armée, avant l'insurrection carliste de 1875, du fusil Berdan. C'était une arme transformée du système dit à pène. Il y a encore dans les arsenaux au moins 230,000 de ces armes prêtes à servir.

Elles ne sont plus en usage et ont été remplacées pendant la guerre carliste par des fusils Remington que le gouvernement faisait venir d'Amérique. On croit qu'il a dû être acheté dans cette période plus de 800,000 fusils.

Depuis, la manufacture d'Oviédo s'est outillée pour cette fabrication et il y a par suite dans l'infanterie deux genres de Remington : l'américain et l'espagnol. Ce sont des armes semblables au point de vue du tir, se servant de la même cartouche, toutes deux à mouvement rétrograde. Le fusil construit en Espagne est un peu moins lourd que celui d'Amérique et un peu plus long (4 kilog. 570 et 1^m,86).

C'est une bonne arme, du calibre de 11 millimètres, avec une hausse de 1,400 mètres, une balle de 25 grammes, une cartouche de 42 grammes. Son inconvénient est le peu de parcours du tire-cartouche qui oblige le soldat à un mouvement pour extraire l'étui vide. Le poids de la poudre qui est de 5 grammes, donne au projectile de 400 à 425 mètres de vitesse initiale, 1,500 mètres de portée efficace et 2,500 à 3,000 de portée totale (1).

La cavalerie a, en dehors du sabre :

1º Pour les lanciers, un revolver, et une lance pesant 2 kilogs, d'un peu plus de 2 mètres de long.

2º Pour les dragons, chasseurs et hussards, la carabine Remington. C'est une arme toute semblable au fusil, plus légère (3 k. 250) et moins longue (0ᵐ,92). La cartouche est un peu plus légère et ne contient que 4 grammes de poudre au lieu de 5.

L'artillerie a un matériel de campagne de 8 et de 9 centimètres : de 8 pour les batteries divisionnaires et de montagne, de 9 pour les batteries de corps; mais ce n'est pas

---

(1) On se préoccupe en Espagne, comme dans toutes les armées européennes du reste, d'une arme à répétition.

Le 13 avril 1889, un ordre royal a adopté une modification proposée pour le fusil Remington modèle 1871 par le lieutenant-colonel Freire et le capitaine Brull.

Le poids de la nouvelle balle serait de 25 grammes et celui de la charge de 4 gr. 75.

On poursuit néanmoins les études relatives à une arme de petit calibre.

là, très probablement, l'armement de l'avenir. L'Espagne a été et est encore tributaire de l'usine Krupp; elle a fait faire des canons à l'usine française du Creuzot et cherche à s'affranchir de cette obligation de s'adresser à l'étranger, en fabriquant chez elle à l'usine Trubbia.

Le 8 et le 9 centimètres de campagne sont en bronze avec fermeture à coin.

Le poids du canon de 8 est de 360 à 370 kilogs; il tire une gargousse de 1,250 grammes, qui produit 430 mètres de vitesse initiale.

Le poids du canon de 9 est de 500 à 515 kilogs; il tire une gargousse de 1,400 grammes, qui produit 450 mètres de vitesse initiale.

Ces deux pièces ont des similaires en acier, destinés à remplacer les précédentes.

Le canon en acier de 9 ne pèse plus que 480 à 490 kilogs. Celui de 8 que 290 à 300 kilogs.

Le 8 de montagne, dit canon Plasencia, est en acier et pèse un peu plus de 100 kilogs.

En ce qui concerne les pièces de place, de côtes et de siège, l'Espagne possède encore un nombre considérable de canons d'ancien modèle, d'obusiers, de mortiers, que l'on remplace peu à peu par des pièces nouvelles :

1° Des canons de fer de 24 centimètres et de 15 centimètres frettés ;

2° Des canons obusiers de bronze de 12 centimètres.

On a de plus, pour les trains de siège, acheté en Allemagne, à l'usine d'Essen, un assez grand nombre de pièces de 15 centimètres en acier, d'un poids moyen de 3,000 kilogs, lançant, avec des charges de 6 k. 200, des projectiles de 28 à 29 kilogs (1).

CHAPITRE III

CONSEILS, COMITÉS-DIRECTIONS, CORPS ET ÉTABLISSEMENTS MILITAIRES

Pour résoudre toutes les questions juridiques qui intéressent les militaires et les marins, on a créé en Espagne une sorte de haute cour qui est dénommée « la Justice supérieure », assemblée toute militaire dans laquelle il entre cependant des magistrats, mais en petit nombre. Cette cour ne traite pas de choses militaires. Elle n'a dans ses attributions que la justice.

---

(1) On a acheté en Allemagne des canons du gros calibre, qui sont destinés à la défense des côtes, spécialement aux batteries qui ont vue sur le détroit de Gibraltar.

Elle est présidée par un maréchal ou un lieutenant-général.

Une autre junte, celle-ci entièrement militaire, est dénommée « Junte de la défense », et a, dans ses attributions, l'étude des moyens à employer pour mettre l'Espagne sur un pied de résistance à l'invasion. Une troisième junte porte le nom de : « Junte supérieure consultative de guerre. » Celle-ci, composée de vingt membres, nommés en conseil des Ministres et dont font partie de droit les directeurs généraux des diverses armes (1) et services au ministère de la guerre, traite, en dehors des questions d'organisation, des plans de défense, des plans de campagne, en un mot de toutes les choses militaires.

------

(1) Il y a, en Espagne, autant de directeurs et de directions générales que d'armes. Ces directeurs sont sous l'autorité du Ministre, autorité très peu efficace, des sous-secrétaires d'État pour ce qui concerne spécialement leur arme.

On a beaucoup battu en brèche ces dispositions qui créent entre les armes un particularisme d'autant plus grand, que le Ministre trouve forcément très peu d'occasions de s'ingérer dans les diverses directions ; mais, en Espagne, où les chefs supérieurs de l'armée sont sans cesse plongés dans les affaires politiques, il n'est peut-être pas bon que les Ministres puissent faire beaucoup, et, dans cet ordre d'idées, l'armée retire certainement plus de bien que de mal de cet état de division.

La formation des différents corps d'officiers, leur avancement, leur situation au point de vue des grades, étaient soumis en Espagne à des conditions toutes particulières qui expliquent d'abord la quantité plus qu'exagérée d'officiers supérieurs sans emploi, et aussi l'espèce d'obligation où tous les gouvernements qui ont voulu s'occuper d'organisation se sont trouvés de créer des cadres d'officiers hors de proportion avec les effectifs sous les drapeaux.

En vertu de la loi du 19 juillet 1889, nul ne peut être nommé officier de l'armée active s'il n'a suivi les cours de l'académie générale de Tolède. Y sont admis, de préférence, les sous-officiers, caporaux et soldats, âgés de moins de 27 ans et comptant au moins deux ans de service. Le diplôme de bachelier ès arts n'est pas exigible pour eux.

Outre les élèves de cette catégorie, l'académie en reçoit d'autres n'appartenant pas encore à l'armée et desquels on exige des garanties d'instruction particulières. Leur âge varie de 14 à 18 ans.

A l'académie, les futurs officiers reçoivent en commun une instruction théorique et pratique; leurs cours sont répartis sur une durée de trois ans. Au bout de la deuxième année, les élèves font choix de leur arme. Ceux destinés à la cavalerie vont suivre les cours de l'académie de cavalerie; ceux qui se destinent à l'infanterie suivent des cours spéciaux, puis vont passer le deuxième semestre de leur troisième année d'études dans une école de tir avant de rejoindre leur corps; enfin les futurs officiers d'état-major, d'artillerie et de génie suivent une troisième année de cours dite préparatoire et vont terminer leur instruction à l'Ecole d'application de leur arme. Il y a donc parfaite unité d'origine pour tous les officiers de l'armée espagnole. On n'y retrouve aucune des divisions de castes qui existent dans la plupart des armées.

L'état-major est un corps fermé qui se recrute directement. On y entre en sortant d'un établissement installé à Madrid et appelé : « l'Académie d'état-major ».

Cet établissement est dirigé par un général ayant sous ses ordres des officiers professeurs ou répétiteurs.

L'académie de cavalerie est située à Valladolid; celle d'artillerie est à Ségovie et celle du génie à Guadalajara. L'instruction spéciale que les officiers reçoivent dans ces deux derniers établissements est très bonne. En Espagne, le génie et l'artillerie se sont toujours maintenus à un niveau sensiblement supérieur à celui du reste de l'armée.

En dehors des armes proprement dites, il y a des corps indépendants, les uns assimilés, les autres sans assimilation avec les corps de troupe.

1º *L'administration.* — Outre les troupes spéciales dans lesquelles sont réunis les ouvriers de tout genre, boulangers, meuniers, charpentiers et maçons, serruriers et forgerons, l'administration espagnole comprend une série de fonctionnaires non assimilés, n'ayant pas droit aux honneurs et ayant leur hiérarchie particulière. C'est l'armée qui fournit à ce corps :

1º Les commissaires de guerre de 1re et de 2o classe (analogues à nos adjoints de l'intendance) ;
2º Les sous-intendants ;
3º Les intendants de district ;
4º Les intendants d'armée.

Viennent ensuite les officiers d'administration et les élèves-officiers.

Tout cela est calqué sur l'organisation française.

2º *Le corps de santé.* — Tous les membres de ce corps sortent de l'Ecole de médecine militaire (analogue à notre ancienne école de Strasbourg), et sont assimilés, savoir :

Les médecins en second, aux lieutenants.
Les médecins en 1er, aux capitaines.
Les médecins-majors, aux commandants.

Les médecins sous-inspecteurs de 2e classe, aux lieutenants-colonels.

Les médecins sous-inspecteurs de 1re classe, aux colonels.

Les médecins inspecteurs de 2e classe, aux généraux de brigade.

Les médecins inspecteurs de 1re, aux maréchaux de camp.

Le chiffre des médecins est fixe et invariable.

L'Ecole de médecine fournit aux besoins, non seulement de l'armée de la péninsule, mais aussi des colonies.

Les pharmaciens sortent de la même école et ont une assimilation semblable aux docteurs.

Cette assimilation s'arrête au pharmacien inspecteur de 2e classe (il n'y en a qu'un).

3° *Corps des vétérinaires*. — Les vétérinaires sortent de l'Ecole vétérinaire militaire.

Ils prennent, dès leur sortie, le titre de professeur vétérinaire et dans les corps ou écoles où ils sont envoyés, ce sont eux qui professent l'hippiatrique et l'hippologie.

Leur situation supérieure est celle de lieutenant-colonel correspondant à professeur-major. Viennent ensuite :

Les professeurs d'écoles assimilés aux commandants,

Les professeurs de 1re classe, aux capitaines.
Les professeurs de 2e classe, aux lieutenants.
Les professeurs de 3e classe, aux sous-lieute-
nants.

4° Corps de la justice militaire. — Il reste
enfin un corps très remarquable, particulier à l'Espagne, dont les membres sont
inamovibles et jouissent de l'assimilation,
et où l'on n'entre que dans des conditions
très particulières, puisqu'il faut être au
moins licencié en droit. C'est le corps de
la justice militaire, auquel incombe l'application de la loi dans l'armée.

Justice militaire. — L'auditoriat forme
en Espagne un corps particulier recruté
au concours, ayant l'assimilation aux
grades d'officiers, dont les fonctionnaires,
répandus dans les villes de garnison, sont
chargés de tous les détails de l'administration de la justice.

Tout homme de troupe ayant commis
un crime ou un délit est traduit devant un
conseil de guerre (ordinaire) composé de
sept membres présidés par un colonel, aux-
quels sont adjoints un membre de l'auditoriat, sans voix délibérative, un officier
remplissant les fonctions du ministère pu-
blic et un défenseur (civil ou militaire).

Tout officier ayant commis un crime ou
délit est traduit devant un conseil (dit des

officiers généraux), présidé par un général et composé de la même manière.

Les décisions de ces conseils, examinées par l'auditeur chef du service, sont exécutoires sur ordre du capitaine général.

Au-dessus de ces conseils qui sont convoqués en temps et lieu, se trouve à Madrid le conseil suprême qui a pour attribution de décider des sentences portant peine afflictive ou infamante, ou de donner son avis lorsqu'il y a divergences de vues entre les capitaines généraux et les auditeurs. C'est une haute cour militaire consultative, dont la compétence s'étend à la guerre et à la marine, ayant quinze membres et un général pour président. Ce conseil traite de toutes les questions, non seulement de justice militaire, mais de tous les conflits dont il est saisi.

Le chiffre des membres du corps est fixe, leur avancement a lieu à l'ancienneté.

Sous-auditeurs de 4e classe assimilés aux lieutenants.

Sous-auditeurs de 3e classe assimilés aux capitaines.

Sous-auditeurs de 2e classe assimilés aux commandants.

Sous-auditeurs de 1re classe assimilés aux lieutenants-colonels.

Auditeurs de district assimilés aux colonels.

Auditeurs d'armée assimilés aux généraux de brigade.

Procureurs du roi et conseillers assimilés aux maréchaux de camp.

Il y a enfin le *corps d'équitation* où se recrutent les écuyers des écoles et les instructeurs d'équitation des corps.

Ce corps a aussi l'assimilation et se compose de :

Professeurs de 3º classe assimilés aux sous-lieutenants.

Professeurs de 2ᵉ classe assimilés aux lieutenants.

Professeurs de 1ʳᵉ classe assimilés aux capitaines.

Professeurs d'école assimilés aux commandants.

Professeurs-majors assimilés aux lieutenants-colonels (1).

Indépendamment des écoles citées plus haut, il en existe trois autres : une école d'élèves caporaux; celle de maréchalerie;

---

(1) Il y a à Madrid un établissement analogue à l'Hôtel des Invalides de France. On l'appelle *le corps des Invalides.*

Il est destiné à recevoir les officiers, sous-officiers et soldats devenus infirmes à la guerre ou dans un service commandé.

On en forme, suivant leur nombre, des compagnies de 100 hommes. Ce corps est commandé par un lieutenant-général, même un capitaine général ayant son état-major.

Les officiers invalides sont considérés comme en activité et ont leur avancement, leurs grades honoraires ; ils peuvent même, s'ils viennent à être susceptibles de reprendre du service actif, rentrer dans les corps de troupe avec leur ancienneté.

celle de tir de l'infanterie, établie à Tolède et à peu près semblable aux écoles régionales de tir françaises.

Il y a deux séries de cours à l'école de tir : du 1er février au 1er juillet et du 1er septembre au 1er février. Chaque série comprend : 96 sous-officiers rengagés célibataires et ayant encore deux ans à faire ; 48 officiers sortant de l'académie.

On ne prend, autant que possible, que des officiers et sous-officiers qui le désirent.

Vont aussi successivement à l'école les lieutenants-colonels et les chefs de bataillon.

Il y a en Espagne deux établissements, non pas analogues aux écoles d'enfants de troupe françaises, mais s'en rapprochant. Ces établissements sont dirigés par un colonel ayant sous ses ordres des officiers qui remplissent certaines fonctions, soit de surveillance, soit de professeurs.

Le premier est le collège des orphelins de Tolède ; on reçoit dans cet établissement les fils des militaires morts au service de l'Etat. L'éducation qu'on y reçoit est dirigée en vue d'amener les enfants à concourir pour entrer à l'académie générale.

La plupart se présentent aux examens

et s'engagent dans les corps de troupe lorsqu'ils ne réussissent pas à se faire recevoir avant 20 ans.

Le deuxième est l'école des orphelins de la guerre à Guadalajara.

Cette école, qui ne contient que peu d'enfants, a été créée après la guerre carliste dans le but d'élever les enfants restés orphelins de père ou de mère à la suite de la campagne.

L'éducation qu'on y donne est à très peu près celle du collège de Tolède et le gouvernement espagnol pense faire aussi de cette école un établissement de préparation pour les diverses académies militaires (1).

CHAPITRE IV

INSTRUCTION. — SERVICE. — ALIMENTATION

Sauf pour ce qui touche aux choses absolument techniques telles que les armes, le tir, l'armée espagnole a une physionomie particulière que l'on ne rencontre dans aucune autre. On y a conservé le goût des manœuvres à rangs serrés. On y exige à la fois des hommes une très grande précision et une très grande rapidité de mouvements.

---

(1) Le nombre des collèges préparatoires a été récemment porté à quatre.

En un mot, on vise beaucoup à l'effet et, par suite du caractère attentif des soldats, on arrive dans l'infanterie à des résultats d'ensemble et de vivacité dans les manœuvres qui frappent l'étranger. La cavalerie est moins intéressante, l'artillerie manœuvre aussi d'une manière moins vive et moins précise. L'une et l'autre souffrent du manque et de la qualité des chevaux. Les races si célèbres de la péninsule sont fort dégénérées et le gouvernement ne peut entretenir ses régiments que par des achats à l'étranger, qui amènent dans les corps des mélanges fort disparates au point de vue de la valeur et du sang.

Jusqu'ici la cavalerie et l'artillerie n'ont changé que peu de chose aux règlements d'autrefois ; l'infanterie seule, comme celle de toutes les puissances militaires du reste, a modifié ses principes manœuvriers, en Espagne moins qu'ailleurs cependant.

Il n'y a rien de réellement particulier dans les règlements. Ils ont paru en 1881 sous les formes générales: Ecoles de recrues de compagnie, de bataillon, de brigade, précédées d'un rapport dans lequel la commission d'officiers généraux chargée de l'élaboration de ce travail a résumé, à grands traits, les principes tactiques de l'infanterie, en présence des changements radicaux apportés au feu des fusils et des canons.

Comme dans toutes les armées, plus même que dans les autres, on a cherché à poser en règle absolue l'idée d'offensive, toujours et quand même ; aussi y trouve-t-on ce qu'on ne voit nulle part : la charge à rangs serrés de l'escouade, celle de la compagnie en ligne sur deux rangs et même en carré contre la cavalerie ; ainsi l'infanterie se porterait au-devant de celle-ci pour la foudroyer de son feu.

C'est surtout pour le bataillon que le règlement espagnol s'étend sur les règles de manœuvre à rangs serrés et déployés.

Il est à peu près muet en ce qui concerne la compagnie en ordre déployé et ne s'occupe guère à l'école de brigade que de développer le mouvement de quatre bataillons à rangs serrés, reportant la manœuvre de ces quatre bataillons en ordre dispersé aux prescriptions données à l'école de bataillon.

Venue après les règlements de toutes les puissances, la théorie de manœuvres de l'Espagne a emprunté à tous ce qui a semblé préférable. Pour ce qui concerne l'ordre dispersé, elle déduit ses prescriptions des expériences faites dans presque toutes les armées sur la valeur des feux de l'infanterie.

Divisant en trois grandes zones le terrain à parcourir pour l'offensive jusqu'à la position défendue et limitant la zone moyenne par 1,200 mètres au maximum et 600 au minimum, elle indique à grands traits les moyens les plus efficaces de parcourir ces zones, en donnant le moins de prise possible à l'ennemi, tout en respectant la cohésion indispensable pour assurer le succès final.

Tout ce chapitre n'est pas à proprement parler l'œuvre de la commission espagnole. C'est l'œuvre de toutes les commissions militaires européennes, présentée sous une autre forme qui les résume et les agglomère.

L'école de brigade clôt cette théorie : c'est ce que les autres nations appellent l'école de régiment, puisqu'en Espagne la brigade n'a que quatre bataillons. Elle est du reste telle que l'application à un nombre indéterminé d'unités de bataillons en est simple et facile.

L'instruction du tir en Espagne est l'objet de soins attentifs. Elle ne donne pas cependant de résultats aussi sérieux que tendraient à le faire supposer les nombreuses décisions émanant du bureau de la Guerre à son sujet. L'Espagnol est un tireur médiocre; il manie peu les armes à feu avant son entrée au service, et ne reste pas assez longtemps sous les drapeaux pour qu'on puisse l'amener à se servir de son arme d'une façon très sérieuse, d'autant plus que les champs de tir des garnisons sont généralement médiocres et de petite étendue.

On commence l'instruction par un tir réduit à peu près semblable à celui pratiqué dans l'armée française. L'instruction du tir réel, analogue à la nôtre, commence après les tirs réduits.

Enfin on termine par deux genres de concours :

1° Le concours dit de district ;

2° Le concours central entre les meilleurs tireurs des districts.

Ce sont des tirs absolument individuels dans lesquels chaque bataillon présente ses meilleurs tireurs, d'abord avec ceux des autres troupes du district, puis, lorsque le concours a déterminé les meilleurs, avec ceux des districts voisins.

De plus, comme ces concours individuels ne donnent en aucune manière l'appréciation de l'instruction générale des corps, on a établi dans presque toutes les capitaineries générales un troisième concours dit : le concours de tir de combat.

Il consiste à faire tirer à tous les hommes, par compagnie, à la distance de 500 mètres, 10 cartouches en un feu de tirailleurs à volonté ajusté. Les résultats relevés donnent la mesure, au moins approximative, de l'instruction générale des diverses unités, compagnies, bataillons et régiments.

L'instruction militaire proprement dite se double de celle donnée dans une série d'écoles ayant pour but de compléter les connaissances individuelles.

De l'avis d'un grand nombre, ces écoles dont la création avait été, au début, fort discutée, produiront pour l'avenir, aussi bien dans l'armée que dans la nation, une recrudescence de sentiments moraux et de goût pour la carrière militaire.

A tous les soldats, dans les compagnies, on fait journellement des classes pour la lecture, l'écriture et le calcul.

Pour tous les aspirants au grade de caporal, cette classe se double de théories sur les devoirs des gradés, sur la manière de rendre compte par écrit d'une petite opération.

Aux caporaux, on apprend l'histoire de l'Espagne et la géographie du globe ;

Aux sergents, tous les éléments des divers services militaires ;

Aux sergents-majors, la géométrie plane et quelques notions de fortification ;

Aux officiers on fait des cours de tactique, de tir.

Enfin, quelques-uns de ces derniers vont pendant l'hiver au chef-lieu du district assister à des conférences plus sérieuses, sur des sujets militaires de tous genres.

Ces cours, ces écoles, se terminent annuellement par un concours à la suite duquel on donne aux premiers numéros des médailles, des diplômes, des mentions.

Tout cela est fort goûté dans l'armée espagnole (1).

Le service intérieur des quartiers, l'administration des compagnies et celle des régiments sont, avec la manœuvre sur les places d'exercices, les parties du métier militaire sur lesquelles se porte davantage l'attention des chefs.

On le comprendra, lorsqu'on saura que sauf le pain, le chauffage et les fourrages, qui sont donnés directement par l'État, c'est le conseil d'administration du corps qui s'occupe de l'entretien des hommes, en

---

(1) Ces diverses dispositions paraissent néanmoins devoir être supprimées prochainement, si elles ne le sont déjà.

effets de tout genre, linge, chaussures, équipement, habillement. L'Etat se désintéresse entièrement de ce soin, moyennant un versement mensuel par homme comptant à l'effectif.

C'est aussi le conseil ou une commission déléguée par lui qui s'occupe de passer des marchés avec des fournisseurs pour les ordinaires des compagnies. Sauf l'obligation de se fournir chez ces industriels, les capitaines ont une latitude entière dans le choix des menus et la direction de leurs ordinaires, ce qui, du reste, il faut le dire, est très simple, étant donnés les goûts du soldat espagnol; pour lui un rata de légumes avec un peu de lard et fortement pimenté est la nourriture préférée (1).

---

(1) Dans des notes sur l'armée espagnole, M. le capitaine de Sérignan, en donnant le détail d'un certain nombre de menus les plus en usage dans les ordinaires, fait remarquer que la soupe et la viande fraîche sont choses à peu près inconnues.

Les essais qui ont été faits, dit-il, pour créer un certain confortable, pour faire vivre les hommes dans des réfectoires, sur des tables, ont toujours eu peu de succès.

Ce que l'Espagnol préfère à tout, c'est la variété.

Ainsi, comme les compagnies ont généralement des menus différents, n'est-il pas rare de voir, au

CHAPITRE V

GRADES ET UNIFORMES

Le développement excessif qu'il a fallu donner aux cadres d'officiers pour faire face aux guerres extérieures (Cuba) et intérieures (invasions et insurrections), l'obligation où l'on s'est trouvé immédiatement après de réduire les effectifs, ont amené dans l'armée espagnole, depuis très longtemps déjà, un nombre d'officiers hors de toute proportion avec les besoins, même en exagérant les cadres pour les effectifs possibles.

Ainsi les derniers annuaires portent :

> 7 capitaines généraux ;
> 69 lieutenants-généraux ;
> 104 généraux de division ;
> 280 généraux de brigade ;
> 465 colonels ;
> 813 lieutenants-colonels ;
> 2.281 commandants ;
> 4.806 capitaines ;
> 5.918 lieutenants ;
> 4.807 sous-lieutenants.

moment du repas, les soldats de diverses fractions se réunir ensemble pour mettre en commun leurs gamelles, de manière à avoir tous une portion de deux ou trois ratas différents.

Ces ratas sont du reste fort compliqués. Les pommes de terre, le riz, les pois qui en font la base sont mêlés le plus souvent avec du lard ou de la morue.

Soit près de 20,000 officiers, le double ou le triple du nécessaire.

Les armes spéciales qui se recrutaient déjà uniquement dans les académies ont su échapper à cet encombrement. Mais les autres sont arrivées à une pléthore d'officiers.

On avait d'abord eu l'idée de la diminuer en fermant pour un temps les académies d'infanterie et de cavalerie, et en arrêtant toute promotion; mais on a dû, très justement du reste, y renoncer devant les réclamations très fondées des jeunes gens qui se destinaient à la carrière militaire; on a eu alors l'idée d'éliminer un certain nombre d'officiers en créant les officiers surnuméraire et les officiers de réserve.

1° *Officiers surnuméraires.* — On est admis officier surnuméraire sur sa demande, et après quatre ans de service effectif. C'est une position de congé sans solde. On reste à la disposition du gouvernement. Les deux premières années comptent intégralement pour la retraite et même pour l'avancement. Les années suivantes ne comptent que pour moitié.

2° *Officiers de réserve.* — On est admis officier de réserve sur sa demande ou d'office, lorsqu'on est peu apte à faire campagne. On est placé dans cette position au service

du recrutement ou aux bataillons de dépôt. Cette disposition ne s'applique qu'aux
officiers d'infanterie.

On a réussi par ces moyens à diminuer
un peu la surabondance des cadres, mais
la grande et presque insoluble difficulté
a été de toucher à l'état-major général.

La loi a fixé à 264 le nombre des généraux, et il y en avait presque le double,
460, dans des conditions exceptionnelles,
puisqu'ils avaient le droit de rester en activité jusqu'à leur mort.

On s'est arrêté pour ce qui les concerne
à un principe analogue à celui de l'armée
française : une loi de 1883 (15 mai) a divisé le cadre en deux sections : celle d'activité et celle de réserve.

Les généraux passent d'office de l'une à
l'autre de ces sections savoir :

Les lieutenants-généraux à 72 ans ;

Les généraux de division à 68 ans ;

Les généraux de brigade à 66 ans.

A la limite d'âge, tout général quitte
son emploi quel qu'il soit.

Il n'y a pas de limite d'âge pour les capitaines généraux.

La hiérarchie. — La hiérarchie de l'armée espagnole est celle de l'armée française, sauf pour les généraux où on a créé
entre le capitaine-général (maréchal) et le
général de division une situation inter-

médiaire de lieutenant général (général de corps d'armée).

La multiplicité exagérée des officiers de tout grade, — car malgré les cadres surabondants dont on a doté les corps et les établissements, il reste plus de 3,000 officiers sans emploi et dispersés partout en demi-solde, — jointe à l'obligation de l'avancement à l'ancienneté, aurait plongé l'armée espagnole dans le marasme et le découragement.

On a, pour y remédier, inventé, en dehors des ordres de chevalerie (et il y en a dix à donner) des grades honoraires, et comme cela ne suffisait pas, on a, en outre, attaché à ces grades des prérogatives qui transforment l'avancement à l'ancienneté en avancement au choix pour tous ceux qu'on désire faire monter au haut de la hiérarchie.

Qu'un officier se signale par une action courageuse, par un travail remarquable, par un service exceptionnel, il reçoit le grade (*grado*) supérieur (1).

_____

(1) Presque tous les officiers qui sont professeurs dans les écoles militaires obtiennent des grades de ce genre; c'est ce qui explique comment on arrive à trouver dans les corps de troupe et dans les garnisons des situations tout à fait exceptionnelles. Ainsi, un officier employé dans une académie a de droit, après quatre ans, le grade

Ce n'est qu'honorifique, cela n'empêche pas l'officier de continuer son service dans l'emploi de son grade réel; lorsque l'ancienneté l'amène à passer réellement à ce grade honorifique, il ne prend pas place sur la liste des officiers de ce nouveau grade à la date de sa nomination réelle, mais à celle de sa nomination à titre honorifique.

Or, non seulement on obtient un grade, mais un double grade, c'est-à-dire qu'on franchit successivement deux grades. Tout honorifique qu'elle paraisse, la chose n'est pas sans importance parce que l'officier dans ces conditions, lorsqu'il change régulièrement de grade, non seulement prend rang du jour où il a reçu le premier grade honorifique, mais s'inscrit le jour même comme ayant le grade supérieur; ainsi, lorsque l'ancienneté l'amène à ce second grade, il pourra dès sa nomination être des premiers inscrits.

La chose va plus loin encore.

Dans les armes spéciales (état-major, génie, artillerie), non seulement on peut avoir honorifiquement un grade supérieur

_____

supérieur à son emploi et après quatre autres années le double grade, indépendamment d'autres privilèges.

à son emploi réel, mais encore un grade appelé *personnel*, et alors, tout en restant dans son emploi réel, on reçoit la solde du grade personnel. On a droit aux honneurs de ce grade et si l'on est avec des officiers de différentes armes dont les troupes sont réunies en détachement, on prend non seulement le commandement sur ceux qui sont de grade effectif inférieur au grade personnel, mais sur ceux qui sont dans leur grade réel d'ancienneté inférieure à celle de la nomination de l'officier au grade personnel (1).

---

(1) On comprend tout ce qu'une pareille situation dans la distribution des grades a de bizarre. Dans son livre sur l'Espagne, le capitaine de Sérignan raconte que pendant la dernière guerre civile on avait envoyé sur un point à occuper un détachement d'un bataillon commandé par un commandant d'infanterie, d'un escadron commandé par un capitaine, et d'une compagnie de génie aux ordres d'un commandant déjà ancien. Ce dernier avait pris tout d'abord le commandement du détachement, mais il se trouva que le capitaine de la compagnie était lieutenant-colonel gradué commandant d'armée, capitaine du génie et que sa nomination honoraire de commandant d'armée était d'un ou deux mois supérieure à la nomination effective de son propre commandant.

Il prit le commandement et on vit ce fait plus que singulier d'un officier qui, en raison de sa possession d'un grade honoraire personnel, devint instantanément le chef de son propre chef, en redevenant son inférieur dès que les fractions qui

Ces situations s'appellent le « grado d'armée ».

Les généraux de la section de réserve ont droit aux honneurs, au port de l'uniforme, aux prérogatives enfin de ceux en activité, mais ils ne sont plus employés que dans des positions particulières, demiciviles et leurs appointements passent :

Ceux des lieutenants-généraux, de 22,500 à 12,500 ;

Ceux des généraux de division, de 15,000 à 10,000 ;

Ceux des généraux de brigade, de 9,000 à 8,000.

---

composaient le détachement, ayant par leur jonction amené cette situation, se séparèrent.

On va plus loin encore et les journaux espagnols ont pu citer ces faits sans précédents :

1o Celui d'une brigade de deux régiments d'infanterie et de deux batteries chargée d'enlever une position autour d'Estella. Le général commandant est blessé, et le commandement passe à un des capitaines d'artillerie qui se trouve être colonel d'armée d'une date supérieure à celle des deux colonels (de grade effectif) de l'infanterie.

2o D'une ville occupée par une forte garnison mixte où un commandant ayant le grade de colonel d'armée commande le service. C'est lui qui donne les ordres, les transmet aux colonels, chefs de corps, de sorte qu'il arrive que ces ordres que son colonel reçoit peuvent être exécutés par celui-là même qui les a donnés.

Les capitaines-généraux touchent toute leur vie durant 30,000 fr. (1).

Le nombre des officiers qui jouissent du grado et du double grado est très grand.

Si l'on ouvre l'un des derniers annuaires espagnols on y voit :

---

(1) Les nominations de général ont lieu au choix, excepté dans l'état-major, l'artillerie et le génie où l'on est nommé à l'ancienneté sur le pied de :

Pour l'état-major : 5 généraux de brigade.

Pour l'artillerie ; 5 de division et 15 de brigade.

Pour le génie : 3 de division et 14 de brigade.

Il faut pour cela avoir deux ans de grade effectif, et dans les armes spéciales (état-major, l'artillerie, génie) il faut être revêtu depuis deux ans du grade personnel de colonel pour pouvoir être nommé brigadier.

Il est de règle qu'en dehors du chiffre ci-dessus qui n'est dû qu'à l'ancienneté, les armes spéciales comme les autres participent aux nominations de généraux au choix, mais ceux qui sont ainsi nommés cessent d'appartenir à leur arme, tandis que les autres n'exercent que des fonctions spéciales soit à l'état-major, soit à l'artillerie, soit au génie.

Les capitaines-généraux, les généraux employés aux colonies sont maintenus dans leur commandement sans limite de durée.

Ceux qui ont des commandements actifs, ainsi que les officiers professeurs dans les écoles, directeurs d'établissements, gouverneurs de villes, conservent ces positions six ans au maximum.

Ceux qui sont employés aux directions du ministère ou aux commissions y restent trois ans.

62 lieutenants-colonels d'artillerie sur 71 avec le grade honoraire de colonel.

275 lieutenants-colonels d'infanterie sur 427 avec le grade honoraire de colonel.

892 commandants d'infanterie sur 1,440 avec le grade honoraire de lieutenant-colonel et 92 sur ces 892 avec le double grade honoraire de colonel.

Dans les armes spéciales, il ne s'agit plus seulement de grades honoraires, il y a en outre les grades personnels qui sont autrement sérieux puisqu'ils donnent des droits au commandement. Ainsi l'on trouve, sur ces mêmes annuaires :

101 lieutenants ayant le grado personnel de capitaine et 16 le double grado personnel de commandant ;

279 capitaines avec le grado personnel de commandant et 42 le double grado personnel de lieutenant-colonel et 5 le grado personnel de colonel ;

89 commandants avec le grado personnel de lieutenant-colonel et 28 le double grado personnel de colonel ;

62 lieutenants-colonels avec le double grado personnel de colonel.

On est ainsi venu, dans une armée où la loi d'avancement se résume en un article : « On ne passera d'un grade à un autre qu'à l'ancienneté », on en est venu à voir des colonels qui ont 30 ans à peine, des lieutenants-colonels qui en ont 25 (1).

Si l'on s'était borné à une simple distinction autorisant l'officier à faire suivre l'énoncé de son grade de l'énoncé du grade supérieur honoraire, il n'y eût eu qu'un simple sentiment de satisfaction donné à des officiers ayant montré une supériorité, un mérite particulier.

Mais on a dû, sur les pressantes demandes des nombreux intéressés, indiquer aux yeux, sur l'uniforme, les situations honorifiques.

On en était arrivé par suite à ne plus pouvoir qu'avec peine distinguer le vrai grade d'un officier et à se demander, lorsqu'on en rencontrait un, comment il fallait l'appeler dans la conversation. L'exagération s'en mêlant tout naturellement, les officiers en étaient venus à des exhibitions de galons extraordinaires, couvrant les bras depuis le bas jusqu'au haut des manches.

_____

(1) La loi du 19 juillet 1889 décide qu'en temps de paix, et jusqu'au grade de colonel inclus, l'avancement aura lieu rigoureusement à l'ancienneté par sélection. A l'avenir, il ne sera plus accordé de grades honoraires personnels ou d'armée, ni de majoration d'ancienneté.

L'avancement au grade d'officier général aura lieu exclusivement au choix, en tout temps.

Une décision de 1885 (25 septembre) a défini très régulièrement les marques distinctives des grades et des doubles grades.

Cette décision se résume ainsi qu'il suit :
1° grade (distinct de l'emploi).

1. Le capitaine général, trois torsades d'or au dessus du parement.

2. Le lieutenant général, deux torsades d'or.

3. Le général de division, une torsade d'or.

4. Le général de brigade, une torsade d'argent.

On distingue les généraux qui ont commandé un régiment de ceux qui sont arrivés sans passer par ce commandement en ce que les premiers portent, au-dessous de la torsade ou des torsades, trois galons verticaux.

5. Le colonel, trois grands galons plats (en or ou argent suivant l'arme) et au-dessous trois grosses étoiles brodées (or ou argent).

6. Le lieutenant-colonel, deux galons et deux étoiles.

7. Le commandant, deux galons (un d'or, un d'argent) et deux étoiles (une d'or, une d'argent).

8. Les capitaines, trois galons plus petits que ceux des officiers supérieurs (d'or ou

d'argent suivant l'arme) et au-dessus trois étoiles plus petites aussi (or ou argent).

9. Le lieutenant, deux galons et deux étoiles.

10. L'alfèrès (sous-lieutenant), un galon et une étoile.

Les membres des différents corps assimilés ne portent pas d'étoile, mais des baguettes brodées sur les parements ou des torsades s'ils sont assimilés aux généraux, comme les intendants par exemple.

Tous les officiers qui ont des grades ou des doubles grades honoraires portent les galons de ce grade, mais ils ont les étoiles de leur grade effectif.

Ainsi un capitaine ayant le grade honoraire de commandant porte deux galons de commandant et trois étoiles.

Pour les armes spéciales, il fallait tenir compte du grade personnel qui donne des droits de commandement. On a décidé que les officiers ayant ces grades porteraient les étoiles correspondantes. Ainsi un commandant ayant le grade personnel (grado d'armée) de lieutenant-colonel et le grade honoraire de colonel porte les trois galons de colonel et les deux étoiles de lieutenant-colonel.

Les capotes et manteaux n'indiquent jamais que le grade de l'emploi qu'on remplit ou le grade personnel.

Les coiffures ne portent que le grade de l'emploi. C'est donc en réalité à la coiffure seule qu'on distingue le grade vrai de la personne par le nombre et la largeur des galons qui la garnissent.

Il en résulte tout d'abord qu'en Espagne, hors du service, à moins qu'ils ne soient du même corps, les officiers se saluent à peine ; le règlement, en effet, ne pouvait admettre le salut que basé sur l'emploi effectif de l'officier, sans tenir compte des grades honoraires.

D'un autre côté, dans la pratique, il était difficile d'admettre que les officiers ayant des grades indiqués de manière très apparente ne missent pas quelque répugnance à saluer les premiers un collègue, même plus ancien, n'en ayant pas, et inversement. Les officiers y ont d'abord coupé court en ne se saluant plus de grade à grade, de quelque corps qu'ils soient. Puis comme c'est surtout dans les armes spéciales (état-major, artillerie, génie) que les grades et doubles grades sont en nombre exagéré, les officiers de ces armes ne saluent plus que lorsqu'ils les coudoient absolument leurs supérieurs des autres armes.

Dans le service, les appellations sont celles du grade effectif ou personnel de la part des inférieurs et même des supérieurs.

Ainsi un capitaine, commandant d'armée, est appelé « Mon commandant » par ses inférieurs. Que dans un corps commandé par un lieutenant-colonel il y ait un commandant qui soit colonel d'armée, il appelle son chef direct « Mon lieutenant-colonel » et celui-ci lui dit : « Monsieur le colonel ».

On appelle d'habitude les capitaines-généraux, lieutenants-généraux et généraux de division : « Votre Excellence », et les généraux de brigade, les colonels effectifs ou honoraires : « Votre Seigneurie ».

La tenue des officiers est celle de la troupe :

Tunique bleue à collet rouge avec numéro, pantalon rouge, schako gris pour l'infanterie.

Tunique bleue à collet rouge avec numéro, pantalon rouge à bande bleue, casque pour les lanciers et les dragons.

Dolman bleu de ciel à tresses noires, pantalon rouge à bande bleue de ciel, schako bleu de ciel pour les chasseurs.

Dolman bleu de ciel avec pelisse blanche et rouge avec pelisse bleue, pantalon bleu de ciel, schako blanc au premier, bleu au second pour les hussards.

Tunique bleue, avec pantalon bleu à bandes rouges, schako bleu pour l'artillerie.

Tunique bleue avec pantalon bleu à double bande rouge, schako blanc pour le génie.

Tunique bleue à broderies au collet, pantalon bleu à bande bleue de ciel, ceinture de soie bleu de ciel pour l'état-major.

Tunique bleue à broderies aux parements avec épaulettes, pantalon bleu ou rouge, ceinture en tissu de soie et d'or ou d'argent, casque noir pour les généraux.

Les grades des hommes de troupe sont simples et consistent en galons allant sur les manches d'une couture à l'autre, du coude au parement.

Le caporal de 2e classe porte deux galons de laine rouge ;

Le caporal de 1ere classe, trois galons ;

Le sergent, deux galons en ganse d'or ou d'argent ;

Le sergent-major, trois galons et s'il est gradué sous-lieutenant (alférès) le galon de sous-lieutenant sans étoile (1).

_____

(1) La loi du 19 juillet 1889 a supprimé les classes de sergent et de caporal en premier.

Il y a une très grande variété de croix dans l'armée espagnole :

L'ordre nº 1 du Mérite militaire avec trois classes ;

L'ordre nº 2 du Mérite militaire avec trois classes :

La croix de sainte Herménégilde ;

La croix de Charles III ;

La croix de Saint-Ferdinand ;

La croix d'Isabelle la Catholique.

On en est très prodigue et certains officiers l'ont pour ainsi dire de droit.

Ainsi un officier employé dans les académies a de droit la croix du Mérite après six ans passés dans l'établissement et même au bout de quatre ans, si à son arrivée il avait un grade honoraire (1).

CHAPITRE VI

SYSTÈME DÉFENSIF

L'Espagne est, ou du moins devrait être, avant tout, si ses finances le lui permet-

---

(1) La loi du 19 juillet 1889 a réduit aux suivantes les distinctions honorifiques qui peuvent être accordées à l'armée :

En temps de paix : Mention honorable ; croix du Mérite militaire émaillée de blanc.

En temps de guerre : Croix de Saint-Ferdinand ; croix du Mérite militaire émaillée de rouge ; mention honorable ; médailles commémoratives.

taient, une puissance maritime. C'est surtout ses côtes qu'elle aurait à protéger. Sauf sa frontière du Portugal qui est toute conventionnelle, ses autres frontières sont naturelles : partout la mer ou la barrière des Pyrénées.

Néanmoins, il y a de nombreuses places à l'intérieur, ce qui tient à ce que l'Espagne a été longue à trouver son autonomie.

Dans les temps anciens, les côtes, et peu à peu les vallées, surtout celles du Nord, ont été, dans la Méditerranée au moins, des stations, on peut dire même des colonies carthaginoises ; Carthage était tombée depuis longtemps déjà, que ces colonies, aidées des Ibériens, les premiers possesseurs, luttaient encore contre Rome. Ce ne fut guère que deux cents ans après que celle-ci put se dire maîtresse de l'Hispanie, et les cartes nous montrent la Péninsule d'alors divisée en trois provinces : la Tarraconaise, la Lusitanie et la Bétique.

Vint l'invasion des Barbares : Vandales et Visigoths se succédèrent dans la Péninsule, et ce fut contre ces derniers qu'eurent à lutter les mahométans lorsqu'ils passèrent, au vIII^e siècle, le détroit de Gibraltar pour venir fonder le khalifat de Cordoue.

De cette fondation date l'histoire de l'Espagne. Elle se résume dans une guerre

de plus de cinq cents ans des Arabes
contre les chrétiens qu'ils avaient conquis
et rejetés vers les Asturies.

Peu à peu, avec une persistance et une
ténacité des plus remarquables, on voit
ces petits rois des Asturies et de Léon
agrandir aux dépens des musulmans les
possessions chrétiennes. Chaque jour a sa
peine, et chaque jour arrache au khalife
un nouveau lambeau. C'est la Navarre,
puis l'Aragon, la Castille, les territoires
de Valence, de Séville, de Cordoue, de
Murcie.

Tous ces petits royaumes, dans leur
formation successive, divisés entre eux,
s'unissent cependant contre l'ennemi
commun. L'Arabe, réduit bientôt au petit
territoire de Grenade, regagne peu à peu
l'Afrique, jusqu'à ce qu'au xve siècle
l'union de Ferdinand d'Aragon et d'Isabelle
de Castille contre le dernier khalife fonde
définitivement, avec l'usurpation de la
Navarre, le royaume d'Espagne.

C'est le moment de sa grandeur, grandeur inouïe, démesurée même, qui s'est
vite évanouie, comme tout ce qui est fac-
tice.

On le voit, la guerre intérieure a été,
de longue date, l'état habituel de l'Espagne et c'est pour cela que ce pays,
en somme des mieux partagés comme

frontières, contient tant de places fortes : on n'en compte pas moins de 90 tant sur les côtes que dans les vallées.

Il convient de dire que presque toutes remontent à l'occupation des Maures, et que, quoiqu'elles aient été, en grand nombre, très modifiées depuis, elles ne répondent en aucune sorte aux exigences modernes.

Un comité, institué en septembre 1881, siège à Madrid sous le nom de Junte de Défense du Royaume ; il a arrêté une série de projets de fortification suivant les diverses éventualités de guerre possibles.

Ce comité a déjà fait déclasser plusieurs places, a proposé le déclassement de nouvelles, et a obtenu pour certaines quelques améliorations, en attendant que l'état général des finances du pays permette d'exécuter de plus vastes projets.

La disposition de la frontière principale d'Espagne, les Pyrénées, frontière qui est surtout ouverte à ses deux extrémités maritimes, vers la Méditerranée d'un côté et l'Atlantique de l'autre, fait que la défense terrestre de ces deux extrémités se confond avec la défense maritime. Rosas, au fond du golfe de ce nom et au pied des Pyrénées ; Barcelone, un des grands ports de l'Espagne, Tarragone, Castellon de

Balaguer, Péniscola, Denia, Alicante, Carthagène, défendent les meilleurs points d'accès de la côte Est.

Rosas. — Rosas a une vieille enceinte avec une citadelle à l'Ouest et un petit fort à l'Est sur le rocher de la Trinidad.

Barcelone. — Barcelone deviendra, suivant les projets de la Junte, un camp retranché ; son enceinte a été démolie, ainsi que la citadelle attenante. On a conservé, pour couvrir le port, les trois batteries Réale, Principe, Alfonso et, à 1,500 mètres de la ville, sur un monticule de 150 mètres d'élévation, un vieux fort dit « Montjouich », quadrilatère bastionné qui domine le port et la ville.

Tarragone. — Tarragone est divisée en ville basse et ville haute. La basse est entourée d'un mur avec lunettes avancées et du côté Est une sorte de citadelle dite : « Le Fort Royal », qui est un simple carré bastionné. La haute, située sur une élévation de 115 mètres environ, est solidement enfermée entre neuf bastions qui s'unissent avec l'enceinte de la ville basse par deux fronts droits.

Alicante. — Alicante est entourée d'une

vieille enceinte et son port couvert par d'anciennes batteries en mauvais état : sur le roc, au pied duquel elle est bâtie en amphithéâtre, se dresse une vieille citadelle qui la domine de près de 285 mètres.

Carthagène. — Carthagène est entourée d'un mur neuf, en bon état. On arrive à son port par un canal à l'extrémité duquel on a bâti, il y a longtemps, deux batteries (Cabras et St-Julien) ; elles croisent leurs feux sur l'entrée avec un vieux fort appelé Atalaya qui se trouve sur un roc en face de l'entrée du même canal.

Quelques batteries sont réparties le long de la côte. Toutes ces fortifications sont en bon état. Les autres petites places citées sont de vieux châteaux-forts sans importance, sur des rocs qui dominent la mer. Elles interdisent les petites baies les plus importantes.

En arrière, et très près du rivage, se trouve comme une deuxième ligne de défense représentée par Castellon de Ampurrias sur la Muga, Girone sur le Ter, Hostalrich, Tortose à l'embouchure de l'Ebre, Nulès, Murviédro sur la Palancia, Valence.

Girone. — Girone est une place très ancienne qui barre le passage du Ter et la grande route du littoral. Ses fortifications sont si nombreuses, si difficiles à entretenir, qu'on avait presque décidé de la déclasser, vu l'impossibilité, dans l'état où elle se trouve, de mettre à l'abri une garnison suffisante et·le prix que coûteraient des casemates dans le terrain rocheux sur lequel elle est construite. On a été arrêté par la considération qu'elle défend le chemin de fer Barcelone-Perpignan.

On se propose de relever l'enceinte de la vieille ville, un simple mur garni de tours de flanquement, et de l'unir avec l'enceinte bastionnée de la ville neuve qui est solide et enveloppée de fossés pleins d'eau. On transformera aussi trois vieux forts dominants : celui des Capucins au Sud, ceux du Montjouich et du Connétable au Nord et on supprimera tout ou partie au moins des forts Capitol, Calvario, Saint-Louis, Saint-Narcisse, Saint-Daniel, qui garnissent toutes les petites élévations autour des précédents, et qui du reste tombent en ruines.

Tortose. — Tortose est en meilleur état que Girone, mais demande aussi de nombreuses transformations et, par suite, de grosses dépenses. L'enceinte est vieille, surtout le long de l'Ebre et n'a pour flanquement que des tours. Sur·la hauteur qui domine la ville au Sud, les fortifications sont moins anciennes et se composent d'une solide citadelle précédée de deux ouvrages à cornes appelés forts d'Orléans et de Tenaxas.

Les autres points cités sont sans valeur : Hostalrich est abandonnée, Nulés est un village avec une petite enceinte, Murviédro et Valence ont de vieux remparts qu'on n'entretient plus.

Sur le littoral sud de l'Espagne, on trouve les ports d'Alméria, Velez, à l'embouchure de la rivière de ce nom, Malaga, Algésiras, Tarifa, Cadix et San Lucar à l'embouchure du Guadalquivir.

Tous ces points ont sur la côte des batteries abandonnées, ou de vieux forts sur les rochers élevés qui dominent les baies. On s'est occupé surtout dans cette partie de Tarifa et de Cadix.

Tarifa. — Tarifa, qui était absolument abandonnée, a été remise en état. On a refait les batteries, et un vieux fort situé sur un îlot de rochers, en face du port. On a construit des épaulements, pour pouvoir placer le long du rivage une centaine de pièces de côte.

Cadix. — Cadix doit, si les projets de la Junte sont mis à exécution, devenir un camp retranché dans le genre d'Anvers, une sorte de refuge suprême. Pour le moment on refait peu à peu les forts de la rade, on les met en état et on les arme. On a commencé par le fort Corta. dina qui ferme la presqu'île ou plutôt la longue île et sur laquelle la ville est bâtie. Le fort Purtalis qui ferme la baie dans laquelle se trouve l'arsenal de la Carraca, a été armé de pièces de gros calibre.

Le fort de Matagorda, qui croise avec lui ses feux, a reçu aussi un sérieux armement.

La ville elle-même a vu remanier son enceinte, qui a reçu son armement de sûreté. Elle sera couverte du côté de la mer par les deux batteries de la Soledad et de la Bouete, dont l'armement comprendra de puissantes pièces qui croisent leurs feux sur le chenal avec celles du fort Santa Catalina.

On a là un ensemble très complet et très avancé déjà, qui constitue ce qui s'est fait de mieux dans ces dernières années au point de vue spécial de la défense des côtes Est et Sud.

On laisse de ce même côté tomber en ruines ce qu'on appelle la Linea. C'est un rempart peu élevé qui s'étend en face de Gibraltar, coupant la presqu'île sur laquelle est établie la ville anglaise. Il s'appuie à droite sur l'Océan, au fort Saint-Philippe, à gauche sur la Méditerranée, au fort Santa-Barbara.

Par contre, on songe à améliorer et à pourvoir de pièces puissantes les ports du littoral Nord : Saint-Sébastien, Bilbao, Urdiales, Santona, Santander, le Ferrol, la Corogne et Vigo.

Saint-Sébastien n'a qu'une simple enveloppe, et, pour couvrir son port, un vieux fort dit La Mota, sur le mont Orgullo, à 100 mètres d'élévation.

Bilbao a autour d'elle quelques vieilles redoutes.

Urdiales a un vieux château sous un roc en saillie.

Santona va avoir une bonne enceinte neuve, couverte elle-même par des batteries.

Santander n'a que quelques vieilles redoutes sur les hauteurs les plus rapprochés.

Le Ferrol, qui est le seul arsenal de construction de l'Espagne, est entouré d'une enceinte continue. Le canal, qui donne accès dans le port, est bordé de batteries, dont l'une, le fort Palma, a son armement et une installation complète.

Enfin, la Corogne et Vigo sont bien entourés de murs et ont leurs ports couverts par des batteries rasantes, mais ces fortifications sont vieilles, peu entretenues, mal armées, et demanderaient de coûteuses améliorations (1).

---

(1) Il convient d'ajouter les fortifications des Baléares à l'Est, et des possessions africaines au Sud.

Dans l'île Majorque, Palma est entourée d'une enceinte bastionnée, et les abords de son port et du port voisin de Puerto-Py sont couverts par de vieilles batteries de côte.

Dans l'île d'Iviça, Iviça elle-même est aussi enveloppée d'une enceinte attenant à une vieille citadelle qui domine le port.

De l'autre côté du détroit de Gibraltar, quatre vieilles places de la côte africaine ont vue sur le détroit.

Ceuta, la principale, est divisée en vieille ville et ville neuve réunies par des ponts. L'une et l'autre sont enveloppées d'une enceinte.

Au Nord-Est se dresse le Monte-Acho qui fait, en Afrique, pendant à Gibraltar en Europe.

C'est un roc aigu sur un plateau, qui avance dans la mer.

Ce plateau est bordé d'une enceinte et de batteries de côte; sur le roc même se dresse le fort de Acho, sous la forme d'un hexagone irrégulier.

Penon de Velez et Alhucema sont deux anciens forts sur des rochers dominants.

Enfin vient Melilla qui est bâtie sur une presqu'île en face d'Almeria. La ville est entourée d'un vieux mur arabe, encore solide, et en avant d'une fortification à la Vauban bien entretenue.

Frontières terrestres (France et Portugal).

La chaîne des Pyrénées constitue, sauf aux deux extrémités qui sont fermées à l'Est par les Albères, à l'Ouest par les contreforts de la chaîne, la frontière entre la France et l'Espagne.

De nombreux passages sont établis à travers la chaîne, mais six seulement ont une valeur réelle; les autres sont des sentiers plus ou moins difficiles, souvent impraticables durant une partie de l'année et inutilisables pour d'autres que des partisans pouvant se passer de ravitaillements et de munitions de tous genres.

Le col du Perthus, ou passe la grande route de Perpignan à Barcelone;

Le col de la Perche, où passe le chemin de Perpignan à Lérida;

Le col de Sumport, route de Pau à Saragosse;

Le col de Roncevaux, route de Bayonne à Pampelune;

Le col de Maya, route de Bayonne à Pampelune;

Et la grande route de Madrid, par Irun, sont les seuls chemins praticables aux armées.

A ces voies s'ajoutent à l'Est le che-

min de fer international de Catalogne,
à l'Ouest celui de Paris à Madrid.

L'un et l'autre longent la côte à la
frontière même, et suivent à peu près la
grande route, au moins pendant une partie de leurs parcours.

Sur le premier passage à l'Est, là défense
se confond à peu près avec celle du littoral.

La grande route et la voie ferrée sont
interceptées directement par la citadelle
San-Fernando à Figuiéres.

C'est un grand ouvrage à six bastions
très réguliers, placé sur un plateau, légère-
ment dominant, pouvant mettre à l'abri
une petite division d'infanterie. Quoiqu'entretenue en bon état, cette citadelle ne
saurait de nos jours opposer grande résistance. Elle doit être modernisée, entourée
de batteries qui en empêchent le bombar-
dement.

Le chemin du col de la Perche était fermé par Puycerda, qui est abandonné, et
plus loin par Urgel, que l'on ne conserve
qu'en vue d'en faire un pivot de manœuvre
en cas d'insurrection, mais dont les fortifications tombent en ruines et sont sans
valeur. La ville elle-même a une vieille
enceinte très ébréchée sur certains points.
Sur les mamelons environnants se trouvent la citadelle, qui se compose d'une
grosse tour, appelée Macho, précédée d'un

ouvrage à cornes, et le château qui comprend une redoute carrée à bastions, avec une autre tour dite de Solsona dominant les ouvrages.

Le Sumport est fermé par une vieille petite place sans valeur, Jaca, entourée d'un mur à tourelles et couverte du côté de la route de France par un ancien fort à hautes murailles.

Cette route de Pau à Saragosse, ayant pris une certaine importance, et le Sumport étant le col d'où doit déboucher le chemin de fer ou l'un des chemins de fer transpyrénéens, l'Espagne a commencé, en face du débouché probable de la voie ferrée, dans le val de Canfranc, un fort d'arrêt situé au col des Ladrones. Ce fort interdira la vallée très rétrécie sur ce point.

Les chemins de Roncevaux et de Maya, tracés en pays très accidenté, aboutissent tous deux à Pampelune.

Cette ville a une ancienne enceinte bastionnée à laquelle est attenante une citadelle.

Les hauteurs environnantes sont occupées par de vieilles redoutes qu'on s'occupe d'améliorer.

La junte de défense a étudié le projet de faire de Pampelune un camp retranché.

Elle a proposé, en conséquence, d'élever sur une hauteur dominante à 3,000 mètres au Sud-Est un grand fort qui aura comme avancées deux fortes redoutes pour quinze ou seize pièces chacune.

Durant ces dernières années, tout l'intérêt des ingénieurs s'est porté sur la partie ouest de la frontière où elle est entièrement conventionelle, sauf au moment où elle atteint la Bidassoa.

Outre la question militaire proprement dite, on avait à tenir compte aussi que cette partie de l'Espagne est celle où les insurrections sont les plus fréquentes et les plus tenaces et il n'était pas sans utilité de s'y créer des points d'appui sûrs pour des opérations intérieures.

Au sud-est de Saint-Sébastien, entre l'Urumea et l'Oyarzun, on a élevé un grand fort dit San Marcos. qui couvre à la fois les chemins de fer de France et la voie ferrée de Madrid ; autour d'Irun on a construit trois autres forts, ceux de Saint-Marcel, d'Irun et de las Ventas. Sur le Jaisquibel, au pied duquel passent côte à côte la voie ferrée et la grande route internationale, s'élèvent les redoutes de Guadalaya et de Jaisquibel.

Quatre autres forts s'échelonnent enfin le long de la voie ferrée, couvrant Hernani et Tolosa.

Plus en arrière on a élevé deux forts à Vera sur la Bidassoa, au point où elle cesse de servir de ligne de démarcation, et au col de Vilate.

En arrière de ces défenses auxquelles il faut joindre, mais simplement pour mémoire, le Castel d'Auso et le Castel d'Echo, deux ruines situées dans des vallées profondes à quelques kilomètres des cols d'Auso et de l'Echo qui conduisent de la vallée espagnole de l'Aragon dans celle des Gaves français, une ligne de places longe la vallée de l'Ebre, tantôt dans la vallée même, tantôt au débouché des contre-forts dans la vallée.

C'est, en avant de l'Ebre : Vitoria, Sos, Huesca, Monzon, Fraga, Lérida, Balaguer, Cervera, Vich, Cardona.

Toutes ces villes n'ont que des fortifications insignifiantes, sauf Lérida dont l'enceinte est médiocre, mais qui a une bonne citadelle précédée de redoutes sur un roc élevé au pied duquel est la ville.

Sur l'Ebre, il n'y a comme places de guerre que Tudela, Saragosse, Mequinenza et Miravet ; encore peut-on à peine donner ce nom à de vieilles fortifications qu'il est inutile d'entretenir.

Les projets de la junte sont de s'en tenir à faire de Saragosse, qui n'a pour défense qu'un mur d'enceinte, un camp retranché et un pivot de manœuvres : les faits de la dernière guerre carliste ont montré de plus la nécessité d'avoir à Miranda et à Logrono de solides têtes de pont pour défendre le passage du fleuve ou pour en déboucher.

On ne peut guère citer aussi que pour mémoire les places de la frontière du Portugal, sauf deux d'entre elles : Ciudad-Rodrigo et Badajoz. Cette dernière est très importante puisqu'elle serait certainement la base d'opération en cas de guerre entre les deux royaumes,

Ciudad-Rodrigo. — Ciudad-Rodrigo a une vieille enceinte maure avec tours, précédée d'une enveloppe de bastions irréguliers, mais solides. On compte relever le glacis, mettre en état deux redoutes très vieilles, mais encore utilisables sur les hauteurs voisines, et couvrir le tout avec un grand fort qu'on élèverait sur le sommet d'une hauteur dominante appelée le Reso de San-Francisco.

Badajoz. — Badajoz est plus sérieux. La ville a une enceinte bastionnée avec demi-lunes et fossés.

Les points dominants autour d'elle sont occupés, sur la rive droite de la Guadiana, par un fort dit de Saint-Cristoval qui couvre la tête de pont, sur la rive gauche par le château, la redoute de Pardaleras et celle de Picurina. Toutes les autres petites places de la frontière portugaise tombent en ruines et sont de fait abandonnées.

C'est en partant de la mer : Ayamonte, San-Lucar avec de vieux châteaux, Olivenza, Alburquerque, Valencia de Alcantara avec de vieilles enceintes non entretenues, Coria, Pénafiel, Galisteo avec d'anciennes redoutes dominantes, Monterey, Salvatierra, Tuy, anciennes petites places sans intérêt ni importance aujourd'hui.

Il n'est pas possible, vu leur état, de donner non plus le nom de places de guerre aux quelques villes fortifiées de l'intérieur.

Murcie et Grenade n'ont qu'un vieux mur d'enveloppe avec un vieux château.

Ronda, Loja, Alcala, Alicante, Morella, Carmona, ont de vieilles fortifications ou des redoutes antiques en ruines.

Astorga. — Astorga a encore des murs du temps des Romains.

Toro, Valladolid, Soria, Avila, Segovie, n'ont de ville de guerre que le nom; ce sont des villes fermées, mais incapables de résister au plus petit coup de main, si l'assaillant a quelque artillerie.

C'est dans ce nombre exagéré de petites et de grandes places fortes, ou autrefois fortes, que la junte de défense a eu à arrêter son choix pour faire un projet d'ensemble.

Jusqu'ici ce projet, naturellement très simple, se borne à discerner les points importants pour en faire des places de réunion, de refuge et des pivots de manœuvres.

CHAPITRE VII

COLONIES

De ses immenses territoires coloniaux d'autrefois, l'Espagne, en dehors des Açores qui forment un district rattaché directement à la Péninsule, n'a conservé que Cuba, Porto-Rico et les Philippines.

On y entretient savoir :

A Cuba, 19,571 hommes ;

A Porto-Rico, 3,155 hommes ;

Aux Philippines 8,753 hommes (1).

Le recrutement de ces 30,000 hommes est fait, comme celui de l'armée continentale, par le contingent annuel et par les engagements et rengagements. Le service pour eux est de quatre ans pleins, comme pour l'infanterie de marine dans la portion de cette arme destinée aux colonies ou aux vaisseaux; de même que pour cette

---

(1) Effectif budgétaire de 1889-1890. Celui de l'armée péninsulaire est de 92,023 hemmes.

dernière, le temps de réserve est de quatre ans au lieu de neuf.

. Ce ne sont pas les numéros les premiers sortis dans le tirage au sort qui sont destinés à l'infanterie et aux autres armes du service colonial. Lorsque l'on a décidé ce que chaque circonscription doit fournir de recrues à l'armée, et que ces recrues sont réunies au chef-lieu, on prélève d'abord la part de l'armée coloniale.

Pour cela on met dans une urne autant de boules noires qu'il doit être fourni d'hommes à cette armée et on complète avec des boules blanches au chiffre des recrues appelées. Le mélange fait, chacun prend une boule et tous ceux qui ont les noires sont inscrits aux contrôles de l'armée coloniale.

C'est après cette opération que l'on procède à l'élection, c'est-à-dire que chacun des officiers des différentes armes choisit dans le contingent ceux qui lui paraissent le plus propre au service de leur arme (1).

Il est loisible à ceux désignés par le sort de s'exonérer ou de se faire substituer ou plutôt remplacer. L'exonération est de 2,000 francs au lieu de 1,500 francs.

C'est avec l'argent versé par les exo-

---

(1) Il y a cependant à cela une exception. Dans les circonscriptions maritimes qui four-

nérés que l'Etat paie les rengagements coloniaux et les rengagements. Il n'admet, comme pour l'armée continentale du reste, que des engagements de quatre ans avec ou sans prime, et des rengagements d'un à quatre ans.

Les primes de rengagement sont de 250, 500, 850 et 1,200 francs suivant le contrat passé.

On ne donne, lors de la signature de ce contrat, que 100, 150, 200, 250 francs. Le reste se paie à l'expiration du rengagement ou de l'engagement, mais les engagés ou rengagés touchent une haute paie comme dans l'armée continentale.

Afin de mettre les colonies dans les mêmes conditions que la Péninsule au point de vue du recrutement des officiers, on a

---

nissent spécialement l'infanterie de marine, on ne procède au tirage des boules noires qu'après l'élection, c'est-à-dire après que chaque officier a choisi son contingent pour son arme. On élimine du tirage les hommes destinés à l'infanterie de marine, c'est-à-dire choisis pour y servir. Cette disposition particulière ayant pour but de ne pas faire courir à ces hommes les chances d'un double tirage, puisque qu'il a été dit à l'article « Infanterie de marine » que les recrues de cette arme, à leur arrivée à leur régiment, tirent au sort quels sont ceux d'entre eux qui iront aux colonies ou à bord des vaisseaux et feront ainsi quatre ans de service actif au lieu de trois.

établi dans chacune des trois colonies un collège militaire où les jeunes gens peuvent recevoir une instruction préparatoire.

Après examen, au sortir de ces collèges, ils entrent dans une académie militaire dirigée, savoir :

Celle de Cuba par un colonel; celle de Porto-Rico par un commandant (il n'y en a pas aux Philippines) et y restent deux ans. Ils sont envoyés au bout de ce temps, et aux frais de l'Etat, à l'académie de Tolède ou dans les autres académies des diverses armes et y suivent les cours.

La seule particularité pour eux est une sorte d'obligation qui leur est imposée de servir deux ans, comme officiers, dans les troupes de la Péninsule, avant d'être renvoyés aux colonies.

Cette obligation, au surplus, n'est pas absolue et on autorise tous ceux d'entre eux qui le demandent officiellement à retourner aux colonies, mais l'Etat en ce cas ne se charge pas des frais de transport.

Autrefois, chacune des fractions détachées à Cuba, à Porto-Rico et aux Philippines constituait une armée distincte; la loi du 19 juillet 1889 a supprimé ces dénominations et décidé que les corps des armées coloniales prendraient rang à la suite de ceux de même arme dans la péninsule.

Infanterie.

Le régiment Fijo de Ceuta est devenu régiment de Ceuta, nᵒ 61 ;

Le régiment du Roi, nᵒ 1 (armée de Cuba), régiment d'Alphonse XIII, nᵒ 62 ;

Le régiment de la Reine, nᵒ 2 (armée de Cuba), régiment de Marie-Christine, nᵒ 63 ;

Le régiment de Naples, nᵒ 3 (armée de Cuba), régiment de Simancas, nᵒ 64 ;

Le régiment d'Espagne, nᵒ 4 (armée de Cuba), régiment de Cuba, nᵒ 65 ;

Le régiment de la Havane, nᵒ 5 (armée de Cuba), régiment de la Havane, nᵒ 66 ;

Le régiment de Tarragone, nᵒ 6 (armée de Cuba), régiment de Tarragone, nᵒ 67 ;

Le régiment d'Espagne, nᵒ 1 (armée des Philippines), régiment de Légaspi, nᵒ 68 ;

Le régiment d'Ibérie, nᵒ 2 (armée des Philippines), régiment d'Ibérie, nᵒ 69 ;

Le régiment de Magallanes, nᵒ 3 (armée des Philippines), régiment de Magallanes, nᵒ 70 ;

Le régiment de Mindanao, nᵒ 4 (armée des Philippines), régiment de Mindanao, nᵒ 71 ;

Le régiment de Visayas, nᵒ 5 (armée des Philippines), régiment de Visayas, nᵒ 72 ;

Le régiment de Jolo, nᵒ 6 (armée des Philippines), régiment de Jolo, nᵒ 73 ;

Le régiment de Manille, nᵒ 7 (armée des Philippines), régiment de Manille, nᵒ 74 ;

Le bataillon de chasseurs de Bailen, nᵒ 1 (armée de Cuba), bataillon de chasseurs de Bailen, nᵒ 23 ;

Le bataillon de chasseurs de l'Union, nᵒ 2 (armée de Cuba), bataillon de l'Union, nᵒ 24 ;

Le bataillon de chasseurs d'Isabelle II, nᵒ 3 (armée de Cuba), bataillon de chasseurs d'Isabelle II, nᵒ 25 ;

Le bataillon de chasseurs de San-Quintin, no 4 (armée de Cuba), bataillon de chasseurs de San-Quintin, no 26 ;

Le bataillon de chasseurs de Valladolid no 1 (armée de Porto-Rico), bataillon de chasseurs de Valladolid, no 27 ;

Le bataillon de chasseurs de Cadix, no 2 (armée de Porto-Rico), bataillon de chasseurs de Cadix, no 28 ;

Le bataillon de chasseurs de Madrid, no 3 (armée de Porto-Rico), bataillon de chasseurs de Colomb, no 29 ;

Le bataillon de chasseurs d'Alphonse XIII, no 4 (armée de Porto-Rico), bataillon de chasseurs d'Alphonse XIII, no 30.

Cavalerie.

Le régiment du roi, no 1 (armée de Cuba), régiment de Fernan Cortès, no 29 ;

Le régiment de la Reine, no 2 (armée de Cuba), régiment de Pizarre, no 30 ;

Le régiment du Prince, no 3 (armée de Cuba), régiment de Tacon, no 31 ;

L'escadron de lanciers des Philippines, escadron des Philippines.

Artillerie.

La *Commandancia* du département occidental (armée de Cuba), 10e bataillon de place.

La *Commandancia* du département oriental (armée de Cuba), 11e bataillon de place,

Le bataillon de place de Porto-Rico, 12e bataillon de place.

Le régiment d'artillerie des Philippines, régiment d'artillerie de place.

Génie.

Le bataillon du génie de Cuba, bataillon mixte du génie.

CHAPITRE VIII

LES RÉTRAITES ET LES PENSIONS MILITAIRES

La loi sur les retraites date de 1865, sous le ministère de O'Donnell.

Aux termes de cette loi, les officiers des armées de terre et de mer peuvent demander leur retraite à vingt ans de service. Ils ont droit alors au minimum.

Le maximum s'obtient à trente-cinq ans de service, campagnes comprises (1).

---

(1) Les officiers peuvent, à partir de leur vingtième année de service, être mis en retraite d'office.

Pour bénéficier de ses campagnes, il faut avoir vingt ans pleins de service militaire.

L'avancement étant essentiellement donné à l'ancienneté, on établit chaque année et pour chaque officier des notes faisant ressortir s'il est apte à l'avancement.

Si ces notes viennent à être défavorables, l'officier est mis en retraite d'office, s'il a vingt ans de service, ou en disponibilité jusqu'à ce qu'il atteigne ses vingt ans. La disponibilité et la non-activité avec demi-solde ou sans solde comptent comme service.

Il existait en Espagne une vieille coutume d'après laquelle le roi pouvait attribuer à un officier pour

Le taux est calculé sur le grade actuel de l'officier, s'il compte deux ans d'ancienneté dans ce grade, sinon il se calcule sur le grade précédent.

Ce taux est :

A vingt ans, des 30 centièmes de la solde d'activité de grade et à trente-cinq ans des 90 centièmes.

Une proportion échelonne les pensions entre ces deux intermédiaires, minimum et maximum : 40 centièmes à vingt-cinq ans, 60 centièmes à trente ; 66, 72, 78 et

---

récompenser ses services un certain nombre d'années en campagne. Dans ces conditions (comme la naissance d'un prince, l'avénement d'un souverain ou des cas analogues), le roi décidait par décret qu'il était accordé à tels et tels officiers qu'il désignait ou à un nombre désigné par corps un certain nombre d'années de campagne.

Ces dispositions modifiaient tout naturellement les retraites.

Cet usage se doublait aussi de celui d'accorder des grades honoraires ou des croix, dans des conditions semblables.

Ainsi, à l'occasion de la naissance d'Alphonse XIII, la régente avait accordé le grade supérieur (honoraire) à six officiers par corps et la croix, aussi par corps, à vingt hommes de troupe.

La loi du 19 juillet 1889 a décidé qu'il ne serait plus accordé de majoration d'ancienneté en dehors des campagnes simples ou doubles ; aucune récompense ou faveur collective ne pourra plus être octroyée.

84 centièmes à trente-un, trente-deux, trente-trois, trente-quatre ans.

Une loi antérieure, due aussi à l'initiative du maréchal O'Donnell, avait réglé les pensions et secours attribués aux militaires rendus impropres au service par des blessures reçues en campagne ou dans le service, ainsi qu'à leurs veuves et leurs enfants :

Cette loi a décidé :

1° Que tout militaire rendu par ses blessures hors d'état de rien faire recevrait, sa vie durant, une pension égale à la solde d'activité de son grade.

2° Que tout militaire amputé d'un membre ou ayant perdu la vue recevrait, sa vie durant, une solde particulière fixée suivant le grade et s'échelonnant depuis 456 fr. 25 pour le soldat jusqu'à 25.000 fr. pour les lieutenants-généraux ayant commandé en chef.

3° Que les veuves et orphelins de militaires tués à la guerre ou dans le service, ou morts des suites de blessures dans les deux ans qui s'écouleront après ces blessures, recevraient une pension s'échelonnant depuis 182 fr. 50 c., pour les familles des soldats, jusqu'à 5,000 francs pour celles des lieutenants-généraux ayant commandé en chef (1).

4° Qu'enfin les fils de militaires tués à la guerre ou morts de blessures reçues en

---

(1) Le taux des pensions des officiers amputés ou devenus aveugles est de :

		fr.	c.
Pour les lieutenants-généraux commandants en chefs		25.000	»
Pour les lieutenants-généraux		18.750	»
— généraux de division		12.500	»
— brigadiers		9.000	»
— colonels		8.000	»
— lieutenants-colonels		6.250	»
— majors		5.500	»
Pour les capitaines		3.750	»
— lieutenants		2.000	»
— sous-lieutenants		1.650	»
— sergents-majors		912	50
— sergents		688	75
— caporaux		501	75
— soldats		456	25

Le taux des pensions des veuves et orphelins dans le cas ci-contre est de :

Pour les familles des :

	fr.	c.
Lieutenants généraux commandant en chef	5.000	»
Lieutenants-généraux	4.500	»
Généraux de division	3.550	»
Brigadiers	2.737	50
Colonels	2.365	»
Lieutenants-colonels	1.825	»
Majors	1.642	50
Capitaines	1.277	50
Lieutenants	821	25

campagne seraient, de droit, élevés aux frais de l'Etat (1).

Pour résumer notre appréciation sur l'armée espagnole, nous dirons que la loi d'organisation de 1882 met dans la main du Ministre les éléments, bataillons et

Sous-lieutenants	631 75
Sergents-majors	547 50
Sergents	372 50
Caporaux	273 75
Soldats	182 50

(1) Il n'y a pas de pension pour les veuves ou orphelins de militaires morts en temps de paix, quelle que soit leur ancienneté; mais on y a paré en créant, depuis plus d'un siècle, sous la sauvegarde de l'État, des monts-de-piété militaires.

Ce sont des banques où, moyennant un versement annuel, pris sur leur solde, les officiers et les sous-officiers et soldats assurent en cas de mort des pensions à leurs veuves et orphelins suivant les taux suivants :

fr.

Pour un lieutenant-général ayant commandé en chef	3.250
Pour un lieutenant-général	2.500
— général de division	2.065
— brigadier	1.650
— colonel	1.650
— lieutenant-colonel	1.250
— major	1.150
— capitaine	600
— lieutenant	450
— sous-lieutenant	400
— sous-officier	275
— caporal	182
— soldat	135

régiments, qui formeront l'armée de campagne; mais la composition des grandes unités, brigades, divisions et corps d'armée, n'est pas établie dès le temps de paix; elle ne l'est du moins qu'imparfaitement et seulement dans les provinces espagnoles du Nord, où, à la suite de la guerre carliste, on a cru bon de maintenir des unités organisées.

Tous les ministres qui se succèdent au portefeuille de la guerre font les plus grands efforts pour hâter une réorganisation, difficile dans une armée qui est très attachée à de vieilles traditions.

En fait, malgré toutes ces imperfections, avec les difficultés et les retards que son organisation actuelle ne peut manquer d'apporter aux opérations de la mobilisation, l'armée espagnole n'en est pas moins une force réelle; son infanterie surtout présente les meilleures qualités de résistance et a fait preuve, tout dernièrement encore, dans la guerre carliste, d'une sérieuse valeur militaire.

FIN

TABLE DES MATIÈRES

Paris et Limoges. — Imp. milit. Henri CHARLES-LAVAUZELLE.

www.ingramcontent.com/pod-product-compliance
Lightning Source LLC
Chambersburg PA
CBHW052221270326
41931CB00011B/2435